Bettina Büx Renate Linsmeier Paul(†)

Berichte aus dem Jenseits

Erstausgabe 2024
Veröffentlicht im Smaragd Verlag, Alle, JU/ CH,
eine Marke der Sentovision GmbH/ S.A.R.L.
www.smaragd-verlag.de

Vertrieb:
Synergia Auslieferung GmbH
Industriestr. 20
64380 Roßdorf
www.synergia-auslieferung.de

Coverbild: pixabay.com
Umschlaggestaltung: FontFront.com, Pauline Trumpfheller

Printed in EU
ISBN: 978-3-907457-03-0

Bibliografische Information der Deutschen Bibliothek
Die Deutsche Bibliothek verzeichnet diese Publikation in der deutschen Nationalbibliographie;
detaillierte bibliografische Daten sind im Internet unter http://dnb.ddb.de abrufbar.

Bettina Büx Renate Linsmaier Paul(†)

Berichte aus dem Jenseits

Was wir immer schon über das Leben
und den Tod wissen wolllten

Smaragd Verlag

Dieses Buch sei euch allen gewidmet,
die ihr unermüdlich auf der Suche nach Gott
und der Sinnhaftigkeit des Lebens seid;
all jenen, die erkannt und verstanden haben,
dass der Tod nicht das Ende ist.

Inhaltsverzeichnis

Vorwort

Lieber Leser, liebe Leserin,
dieses Buch entstand wahrlich auf wundersame und ungewöhnliche Weise. Es entwickelte sich aus einem Jenseitskontakt heraus. Damals, beim ersten „Gespräch", ahnte ich nicht, dass noch viele weitere Unterredungen folgen sollten. Es geht in diesem Werk – wie könnte es anders sein – um die Liebe, um die Liebe zum Leben und zum lebendigen Lieben, um die Liebe zu Allem-was-Ist und zu sich selbst. Auch geht es um die Liebe zu jenem, das weit über unsere Vorstellungskraft hinausreicht. Es geht um die Mysterien des irdischen Lebens als auch um jene des Universums, jenseits von allem Irdischen.

Aufgrund meiner Erfahrungen im Kontakt mit verstorbenen Seelen erlebe ich immer wieder, wie wichtig und heilsam derlei Kontakte für die Angehörigen sind. Leider ist in unseren westlichen Kulturen der Umgang mit dem Tod und dem Abschied unserer Verstorbenen, wie vieles andere in unserem Leben, „schnelllebig" geworden. Wir zelebrieren den Abschied nicht mehr so, wie noch in früheren Zeiten. Auch halten wir keine Totenwache mehr. Nicht selten erfolgt der Übergang einsam. Oftmals bleiben für die Angehörigen zahlreiche Fragen offen und häufig bleibt vieles unausgesprochen. Wenn derartige Dinge und Umstände in einem Jenseitskontakt geklärt und angesprochen werden können, stellt sich tiefer Frieden ein, der sich heilsam im Herzen entfaltet. So liegt in der Arbeit mit den Jenseitigen kraftvolles Heilungspotential für die Hinterbliebenen.

Von Anfang an war Paul ein außergewöhnlicher Gesprächspartner, der sich in der Qualität seines Ausdrucks und aufgrund seines enormen Wissens deutlich abhob von einem sonst üblichen Jenseitskontakt. Wie oben angedeutet, blieb es nicht bei einem einmaligen Gespräch und so erfuhr ich, dass er uns Menschen mit seinem Wissen zur Seite stehen wolle.

Zu meiner großen Freude bot er mir an, ihm Fragen zu stellen. Was für ein Geschenk! Mit Worten ist es nicht möglich, meinem Dank gebührend Ausdruck zu verleihen.
So ist dieses zusammengetragene Werk eine Ansammlung von Durchsagen zu allen möglichen Lebensthemen. Ich weiß, dass wir beileibe nicht alle Fragen zum Leben vor und nach dem Tod beantworten können. Dieses Werk erhebt gewiss keinen Anspruch auf Vollständigkeit und kann es auch nicht. Paul erwähnt immer wieder, dass dem Leben, irdischem und nicht irdischem, eine überaus weitreichende und ausgedehnte Komplexität innewohnt. Gemeinsam versuchen wir, die drängendsten Fragen zu thematisieren und in einer Weise zu beantworten, die mit unserem irdischen Geist verstanden und angenommen werden kann. Dabei wollen wir mit jenem Maß an Respekt und Achtsamkeit vorgehen, das erforderlich ist. So wünsche ich Ihnen, lieber Leser, liebe Leserin, dass auch Ihre Fragen, die in Ihrem Herzen brennen, hier tröstliche Antwort finden.

Ihre Renate Linsmeier

Einleitung

Liebe Leserin, lieber Leser,
wenn ein seit geraumer Zeit Verstorbener uns Menschen hier im Diesseits Rede und Antwort steht, dann werden wir wohl alle hellhörig und sollten es auch sein, denn hier gibt es allerhand für uns zu verstehen, zu erkennen und zu lernen. Uns beiden, Renate und mir, wurden das große Glück und die Ehre zuteil, genau dies zu erleben und so möchten wir diese Erfahrung nur zu gerne mit Ihnen teilen. Der Tod ist uns allen gewiss – früher oder später. Die Erkenntnisse, die wir aus diesem tiefgründigen Dialog mit einer uns vorangegangenen Seele gewinnen können, sind in ihrer Bedeutung und Tragweite nicht hoch genug einzuschätzen.
Wie aus diesem ungewöhnlichen Gespräch schnell ganz klar und deutlich hervorgeht, ist die Liebe das allumfassende Bindeglied zwischen den Welten, zwischen „hüben und drüben". Das darf uns nicht wirklich wundern. Ohne Liebe ist alles nichts, das ist nicht nur in unserer irdisch-materiellen Welt so. Auch dieser Dialog wäre ohne Liebe weder denkbar noch durchführbar.
Wenn es um das Leben nach dem Tod geht, dann brennen uns Menschen naturgemäß zahllose Fragen unter den Nägeln. Unsere Anliegen durften wir einem Mann vorbringen, der nach einem erfüllten Leben voller Höhen und Tiefen in noch recht jungem Alter von 56 Jahren unsere materielle Welt verließ. Paul – so wollen wir ihn in diesem Buch nennen – entstammt einem deutlich christlich geprägten Lebensumfeld. Zu seinen „Lebzeiten" widmete er sich mit Hingabe den großen Glaubensfragen des Lebens. Paul war den Geisteswissenschaften zugetan und der Grad seiner Bildung, die er zu Erdenzeiten genossen hatte, war außerordentlich und bemerkenswert. Seine beständige Gottsuche führte Paul unter anderem zum Studium der Theologie und Philosophie. Wie dieses Buch eindrucksvoll bezeugt, enden Pauls Bemühungen, den Menschen Gott näher zu bringen, keineswegs mit seinem Tode.

Dies dürfte uns allen zum Troste gereichen, beweist es doch, dass wir auch nach unserem Ableben immer noch ganz und gar wir selbst sind. Nichts Wertvolles geht jemals verloren und was immer auf Liebe basiert, das ist von unermesslichem Wert. In eindrucksvoller Weise legt Paul lebendiges Zeugnis dafür ab, dass es den Tod, so wie wir Menschen ihn landläufig verstehen, nicht gibt und nicht geben kann. Wie alle lichtvollen Seelen, so bricht auch er eine Lanze für die Liebe im Allgemeinen wie auch im Besonderen. Das Leben als solches währt ewig, denn Gott ist Liebe und was liebt, das tötet nicht.
Paul ermutigt uns dazu, das Leben mit all seinen Licht- und Schattenseiten mutig zu ergreifen und zuversichtlich zu feiern. In tiefem Vertrauen auf die allem zugrunde liegende Sinnhaftigkeit können und dürfen wir unsere Verstorbenen in der geistigen Welt getrost loslassen, wohl wissend, dass sie in den denkbar besten Händen sind. Immer sind unsere Lieben nur einen guten Gedanken weit entfernt, ein winziger Liebeshauch genügt. Unsere Gedanken und Gefühle erreichen sie immer, wenn sie von Liebe getragen und unterfüttert sind. Wo Liebe ist, da kann es keine Trennung geben, nicht in dieser Welt und auch in keiner anderen.
Und nicht zuletzt sprechen wir Paul unseren herzlichen und tiefempfundenen Dank aus. Seinem Engagement und seiner freudigen Bereitschaft, sich mit ganzem Herzen für dieses Projekt zur Verfügung zu stellen, verdanken wir dieses Werk mit all seinen wundervollen Einsichten und Erkenntnissen. Mögen sie auch Ihnen, liebe Leserin, lieber Leser, zum Wohle und Segen gereichen.

Ihre Bettina Büx

Ein Gruß von drüben

Liebe Leserin, lieber Leser,
mir ist es ein Anliegen, Sie persönlich zu begrüßen, bevor wir die spannende Entdeckungsreise antreten und die Mysterien des Lebens und des Todes beleuchten. Hier in meiner Ebene, die Sie das Jenseits nennen, bin ich damit gesegnet, ihnen Rede und Antwort stehen zu dürfen. Ich darf Zeugnis ablegen für den Teil an Wissen, den ich hier darlegen kann. Wie es dazu kam, dass wir drei zueinander gefunden haben, beweist einmal mehr, auf welch wundersamen Wegen die geistige Welt die Fäden der Führung spinnt. Wenn die beteiligten Seelen dann auch noch diese Führung als solches erkennen, kann Erstaunliches, Wundervolles und Großartiges entstehen.

In unserem Falle habe ich bereits nach der ersten Kontaktaufnahme mit mir die Aufgabe dieser konstruktiven Zusammenkunft gesehen. Ich sagte dem Medium Renate, dass ich eine Weile an ihrer Seite sein würde, wohl wissend, was da noch kommen würde. Monate später hat der entsprechende Impuls in ihr Platz gefunden und sie verstand den wahren Sinn meiner „Anwesenheit". So wachsen wir also miteinander, aneinander und dennoch jeder für sich.

Dieses Buch sollte genau zum jetzigen Zeitpunkt, in dieser aktuellen Zeitqualität entstehen. Es ist ein wichtiges, informatives Werk für all die Menschen, die sich jetzt der Spiritualität und der Erforschung des Mysteriums Universum zuwenden. In unmittelbarer Zukunft werden sehr viele Menschen in den Erwachungsprozess eintauchen. Dazu gehören auch Menschen, die die Verbindung zu sich selbst oder gar zur göttlichen Quelle noch nie in ihrem jetzigen Leben gespürt haben. Man kann also sagen, dass der eigentliche, große Erwachungsprozess erst jetzt wirklich seinen Anfang nimmt. So soll dieses Buch all jenen als Beistand und Unterstützung dienen, die die Zusammenhänge im Schöpfungsgeschehen verstehen wollen. Dies ist der Grund warum dieses Buch entstehen sollte, ja musste. Ich fühle tiefe Dankbarkeit, an dieser Aufgabe mitwirken zu dürfen. Und ich empfinde Demut im Blick auf die komplexe Schöpfungsphilosophie, von der wir alle Teil sind. So lade ich Sie ein, mir nun zu folgen in die Mysterien und Welten unserer großartigen Schöpfung.

Paul

1. Teil

Vom Übergang

„Es gibt keinen Tod,
nicht einmal für einen Augenblick;
was wir haben sind nur zwei Leben."

René Bazin

Leben nach dem Tod

Es gibt in meiner Ebene – die Ebene der verstorbenen Seelen – aus der ich für den Moment ein wenig herausgetreten bin, um euch zur Seite zu stehen, nicht den Begriff „Leben" wie ihr ihn im Irdischen versteht. Selbstverständlich ist die Seele unsterblich. Wir wechseln nach dem Übergang die Ebenen und sind hier, wie ihr es auszudrücken vermögt, lebendig. Doch – und wir werden im Laufe unserer Zusammenarbeit noch einige Male über Begrifflichkeiten sprechen – ist in den geistigen Welten das *Sein* eher der Begriff, den ich wählen wollte.

Die Verstorbenen, die Engel, die Geistführer und die vielen lichten Wesen hier, definieren sich nicht über Begrifflichkeiten. Wir *sind*. Ähnlich einer Blume am Wegesrand, sie denkt nicht über ihr Leben nach, sie ist. Vieles ist hier in den jenseitigen Welten absolut. Es ist. Punktum.

Wir Jenseitigen – so paradox das auch klingen mag – wissen mehr über das Leben als die, die noch am leben sind. Wir sind weise und wissend, jedoch sind wir nicht in der Lage, noch Erfahrungen zu machen, so breitgefächert diese auch immer sein mögen. Dafür ist der Inkarnationsvorgang reserviert und nur in diesem körperlichen Zustand ist es möglich, Erfahrungen zu sammeln, die letztlich unsere Lernaufgaben aufzeigen. Hat eine Seele den Inkarnationszyklus beendet, so wechselt sie die Ebene und widmet sich neuen Aufgaben. Sie wird andere Ebenen ihres Bewusstseins begehen und sich für neue Aufgaben entscheiden. Dies könnte man in etwa vergleichen mit dem Sammeln von Erfahrungen auf Erden. Dennoch sind wir existent, nur eben in einem – ich möchte es so ausdrücken – anderen Zustand. Wir leben ein Sein, wenn auch in anderer Weise, als ihr es gerade erfahrt.

Der Vorgang des Sterbens

Die Seele ist durch die sogenannte Silberschnur mit dem Körper verbunden. Diese wird nur nach unserem Tod getrennt und die Seele kann wieder in ihre Heimat aufsteigen. Selbst wenn die Seele des Nachts im Schlaf auf Reisen geht, wird diese Verbindung nicht gekappt. Wir sind also immer durch diese Silberschnur – ich spreche auch gerne von einer Art Nabelschnur – mit der göttlichen Heimat verbunden. Man könnte sich den Vorgang des Sterbens so vorstellen, als dass wir einen Luftballon loslassen, der dann gen Himmel steigt. Die Seele klinkt sich sozusagen aus und verlässt ihr Lebenshaus, welches ihr in dieser Inkarnation gedient hat. An dieser Stelle sei gesagt, dass dies verdeutlicht, welch *geistige* Wesen wir sind, wenn auch vorübergehend in einer körperlichen Hülle wohnend. Unser Körper ist ein Tempel, der uns beherbergt und dient, bis wir wieder nach Hause gehen.

Wir haben Hilfe beim Übergang, das werden wir noch besprechen. Der Sterbevorgang als solches kann eine Weile dauern, deswegen ist das Thema Organspende ebenfalls noch zu erwähnen. Auch dazu kommen wir an späterer Stelle. Der Übergang kann also eine gewisse Zeitspanne in Anspruch nehmen. Dies sollte uns Grund genug sein, der Seele und dem Körper eine gewisse Zeit zur Verfügung zu stellen, um diese Vorgänge störungsfrei und in Ruhe abschließen zu können. Die Loslösung der Seele ist bei allen Prozessen, in welchen der Körper unter starken Medikamenten steht, eine schwierigere Aktion, als wenn der Körper unbelastet ist. Steht ein Mensch unter starken Arzneimitteln, dann ist sein Bewusstsein getrübt und die geistigen Helfer, die bei der Loslösung unterstützen, haben alle Hände voll zu tun, sich in diesem Nebel zurecht zu finden. Das mag ein wenig plastisch ausgedrückt sein, doch lässt es sich auf diese Weise recht verständlich darstellen. In diesen Fällen kann es also ein wenig länger dauern, bis die Seele vollständig losgelöst ist und deshalb, einmal mehr betont, sollte der Vorgang des Abschieds seine Zeit und seinen Raum haben dürfen. Leider ist es jedoch in heutiger Zeit meist so, dass alles nach einem Tode recht geschäftsmäßig und schnell geschieht.

Der Vorgang des Sterbens, des Verlassens des irdischen Systems kann – so wie auch das Ankommen in das Irdische, in den Körper – ein schmerzhafter, mühevoller oder beschwerlicher sein. Der Gedanke ans Sterben ängstigt die meisten Menschen. Aus irdisch-menschlicher Sicht ist das so nachvollziehbar wie legitim. Die Menschen scheuen nicht den Tod, sie scheuen das Sterben. Beim eigentlichen Vorgang des Sterbens – vorausgesetzt es ist ein langsamer Prozess – ist es so, dass der Mensch als erstes seine Sinne verliert. Die Sinne schalten sich ab, einer nach dem anderen. Es verlässt ihn das Gehör, der Geschmack und die visuelle Wahrnehmung, bevor das Herz aufhört zu schlagen. Der Mensch ist also im Geiste seiner Wahrnehmung mehr als getrübt, bevor er tatsächlich von dieser Welt geht. In gewisser Weise könnte man sagen, dass der Verstand als allererstes stirbt, denn es gibt keine Wahrnehmung mehr, die er zu „übersetzen" benötigt.

Leidvolles, schmerzhaftes Sterben ist ein Ergebnis der Lernaufgaben, die wir nicht zu unserem Besten gelöst haben. Einem leidvollen Sterben *kann* eine Krankheit voraus gehen, die aufgrund eines energetischen Ungleichgewichtes entstanden ist. Energetische Ungleichgewichte entstehen aus nicht gelösten Themen.

Doch das ist nicht immer so. Nur weil wir unsere Lektionen nicht gelöst haben, heißt das nicht, dass uns zwingend ein qualvolles Sterben erwartet. Hier kommt es auf jeden Einzelnen an. Sterben ist individuell, so wie auch unsere Leben einzigartig sind. Jeder Mensch reagiert in ganz persönlicher Weise auf seine Erfahrungen und damit anders als andere, die das Gleiche durchgemacht haben.

Doch dies bleibt unbedingt wissenswert: Wenn ein Mensch leidvoll stirbt, ist das keine Strafe! Wer sollte eine Strafe aussprechen und wer sollte sie vollstrecken? Dies würde ja voraussetzen, dass vorher jemand zu Gericht sitzt. Derlei Absurditäten gibt es nicht. Es gibt kein Gericht. Gott richtet nicht, Gott ist Liebe und nichts als Liebe.

In den geistigen Welten sind irdische Erfahrungen alle in gleicher Weise gültig. Sie bleiben unbewertet. Egal, ob nun leidvoll oder freudvoll. Wo dies verstanden ist, da hat alle irdische Not ein absehbares Ende. Wir inkarnieren um Erfahrungen zu sammeln, die wir uns vorher sorgsam und mit tiefer Weisheit und großer Liebe ausgesucht haben. Dies ist so, auch wenn wir unsere gewählten Erfahrungen und Lernaufgaben – wohlgemerkt aus irdisch-menschlicher Sicht – mitunter als größenwahnsinnig betiteln würden. An dieser Stelle möchte ich eine Lanze brechen für den Mut des Menschen, der in geistigen Welten sprichwörtlich ist. Die Leidensbereitschaft, die der Mensch sich im Verlauf seiner Erdenreisen zumutet, ist mitunter schier überwältigend. Die Liebe, das Mitgefühl und das Verständnis der geistigen Welt für den Inkarnationsweg des Menschen sind jenseits dessen, was in angemessener Weise in Worte gefasst werden könnte. Die Seele möchte Leid und Lust erfahren. Bei leidvollen Erfahrungen, die bearbeitet und angesehen werden, findet häufig mehr Wachstum statt, als bei freudvollen Erfahrungen. An dieser Stelle möchte ich ausdrücklich betonen, dass es hier nicht darum geht, das Leid als solches zu verherrlichen. Vielmehr geht es darum, es zu verstehen. Eine leidvolle Erfahrung bringt naturgemäß Schmerz mit sich. Ein freudvolles Erleben lässt uns Glückseligkeit erfahren. Sind wir einmal inkarniert, wollen wir uns Leiden gerne ersparen. Dieser Umstand, so natürlich wie nachvollziehbar, ist letztlich unseren Wachstumsprozessen dienlich. In einem sehr konkreten Sinne könnte man sagen, dass es „natürlicher" ist, glücklich zu sein, als zu leiden. Wir wollen uns auf Erden am liebsten erfüllt fühlen und erfolgreich durchs Leben gehen. Wenn wir jedoch den Blickwinkel darauf richten, warum wir eine leidvolle Erfahrung machten und was das mit uns gemacht hat, werden wir erkennen, dass wir stärker, reifer und weiser daraus hervorgegangen sind. Wir sind also daran gewachsen und damit ist das Ziel der Seele erreicht.

In der jenseitigen Welt ist jede Erfahrung die wir zu Lebzeiten gemacht haben, ob nun leid- oder freudvoll, gleichwertig. Das leidvolle Erleben wird ebenso geschätzt, wie das freudvolle. Es gibt keine Bewertung oder Abstufung. Die Seele ist unverletzlich. Die Erfahrungen auf Erden mögen unterschiedlich sein in der Empfindung – Schmerz und Leid werden intensiver erlebt, als Glück und Erfolg – dennoch sind beide Qualitäten absolut wertvoll.

Liebe liegt in beidem und das ist es, was wir mit unserem irdischen Verstand, wenn wir denn in einer verzweifelten, leidvollen Lage sind, nur schwer annehmen und verstehen können. Das ist nur allzu menschlich. Alles, was wir erleben ist im Grunde auf der Basis der Liebe erwachsen. Menschen, die uns Leid zufügen, stellen sich – aus Liebe – zur Verfügung, damit wir diese Erfahrungen machen können. Auf diese Zusammenhänge werden wir noch einen genaueren Blick werfen. Haben wir nicht alle schon einmal selbst oder in unserem Lebensumfeld Schicksale erlebt, die uns vor die Frage stellten, was der Mensch denn noch zu ertragen fähig ist? All dem Leiden liegt, allem Anschein zum Trotz, die Kraft der Liebe zugrunde. Möglicherweise kann man diese großen Zusammenhänge nur wahrhaftig und in ihrer Gänze erfassen, wenn man es aus der lichten Welt betrachtet. Dennoch ist es die Liebe, die uns trägt und wir alle haben schon erfahren, dass sie uns hochleben lassen, aber auch in die tiefsten Täler stürzen kann.

Hilfe beim Übergang

Viele kennen die Geschichten, dass Menschen, die dem Tode nahe sind, Krankenschwestern oder auch Angehörige, einen schwarzen Mann im Zimmer wahrgenommen haben. Nun, ich kann sagen, dass dies keine Hirngespinste sind. Es gibt ihn. Manche nennen ihn den Sensenmann oder Gevatter Tod. Er hat so manche Namen und es gibt viele Bücher und Geschichten über ihn. Tatsächlich jedoch ist er ein Engel, der Engel des Wandels, der die Seelen im Irdischen abholt und begleitet. Er zeigt sich oft schwarz. Das ist keineswegs negativ oder gar in irgendeiner Weise schwarzmagisch. Er zeigt sich so, damit wir ihn entsprechend unseren Vorstellungen und Prägungen erkennen. Schwarz ist schlichtweg formlos. Am Ende gibt es keine Form mehr, zumindest nicht in der Weise, wie ihr es auf Erden kennt.

Wir haben also Hilfe beim Übergang in die geistige Welt. Jedoch möchte ich betonen, dass der Engel des Wandels nur dann kommt, wenn unsere Seele die Entscheidung getroffen hat zu gehen. Er erscheint nie, weil er meint unsere Zeit wäre jetzt abgelaufen oder weil er über unser Ableben bestimmt. Nein, er kommt, weil er von uns selbst gerufen wurde. Niemand anderer in der geistigen Welt dreht an unserer Lebensuhr oder greift auf die Dauer unserer Lebenszeit ein. Das wäre ein Eingriff, ja, ein Übergriff der geistigen Welt und ist absolut unmöglich. Das gibt es nicht, *niemals*! Keine Seele geht ohne ihr eigenes Einverständnis.

Der Engel des Wandels hat einige Helfer, die ihm und der Seele behilflich sind, den Körper zu verlassen. Bei Menschen die sehr viele starke Arzneimittel oder Drogen konsumiert haben, dauert es, wie schon erwähnt, länger, bis die Seele aus dem Körper kann.

Was ich in diesem Zusammenhang nicht unerwähnt lassen möchte ist, dass der Engel des Wandels nicht nur unser Gehen begleitet, sondern auch unser Kommen. Er ist auch behilflich, den Weg der Seele ins Irdische zu gehen. So gewinnt der Tod – welcher in höchstem Maße

unverstanden ist – sofort ein anderes Gesicht, denn der Mensch mag ihn nur dann, wenn er den Sterbenden von Leid und Schmerz befreit. Dann wird er als Erlöser akzeptiert. In allen anderen Fällen begegnet der Mensch ihm eher mit Zorn und Unverständnis.
„Der Tod gehört zum Leben", so eine alte Weisheit, die durchaus in ihrer oben genannten Tragweite einen tiefen Sinn ergibt, denn wer, wenn nicht der Engel des Wandels, trägt zum großen Kreislauf des Lebens bei? Und dies tut er mit einer Liebe zu den Seelen, die ihresgleichen sucht.

Die Lebensrückschau

Voller Liebe und Anerkennung werdet ihr auf euch zurückblicken. *Voller Liebe!* Ohne Gram, ohne Reue, ohne Urteil. Du kannst dir das so vorstellen, als wenn du auf dein Kind blickst. Was auch immer es anstellt, das kann deine Liebe zu ihm nicht erschüttern.
In dem Wissen, welches du hast, wenn du wieder in der jenseitigen Welt angekommen bist, erklärt sich dein vorangegangenes Leben von selbst. Dein ganzes Leben erschließt sich dir in seiner gesamten Logik und Sinnhaftigkeit. Hier hast du den Überblick und kannst deinen gesamten Lebenskomplex urteils- und bewertungsfrei überschauen. Das ist der einzige Ort, an dem dir dies gelingt, denn hier bist du frei vom Ego. Hier ist niemand, der dir ins Ohr flüstert: „Du hast versagt, es nicht hingekriegt, du warst nicht genug…" Dein Ego wird mit deiner körperlichen Hülle begraben. Du nimmst es nicht mit. Ist das nicht tröstlich? Du weißt um alle Erfahrungen, die du gemacht hast. Dein Leben erklärt sich ganz von selbst und breitet sich aus vor dir. Du hast die Übersicht über alles, was du erlebt hast. Du weißt, warum du lebtest, wie du lebtest, welche Lernaufgaben du erfüllen konntest und welche nicht. Dabei siehst du es ohne Bewertung. Es war so, wie es war. Punktum. Darauf basierend entwickelst du einen neuen Seelenplan, zusammen mit deiner Seelenfamilie und nimmst Aufgaben, die du nicht abgeschlossen hast, wieder mit in die nächste Inkarnation. Man kann es sich in etwa so vorstellen, wie wenn du eine Art Lebensinventur machen würdest. Ist das nicht ein aufregendes Abenteuer, welches uns die Schöpfung hier zu Füßen legt? Aus diesem Grunde wirkt es auch unwiderstehlich anziehend auf die Seelen, wieder und wieder zu inkarnieren.
Du blickst also zurück auf die Erfahrungen, die du gemacht hast, wie du damit umgingst und ob und was du daraus gelernt hast. Wie du weißt, werden – zusammen mit deiner Seelenfamilie – Pläne für dein nächstes Leben geschmiedet. Dazu gehören auch Themen, die du erleben

möchtest um eine entsprechende Lernerfahrung zu machen. Hast Du nun in deinem letzten Leben ein spezielles Thema nicht gelöst, so bedeutet das, dass du auch die Lernerfahrung nicht gemacht hast, dass also in diesem Falle auch kein persönliches Wachstum stattfand. In diesem Fall wirst du das jeweilige Thema erneut auf die Erde mitbringen. Dann bist du hier auf Erden und stellst dir Fragen wie „Warum passiert mir das immer wieder? Warum ziehe ich immer wieder solche Menschen an?" Genau dies ist im Obigen begründet und dein Leben wird es dir wieder und wieder zeigen. Die Rückschau ist jedoch, wie ich schon sagte, urteilsfrei.

Wiedersehen mit unseren Lieben

So wie bei deiner Geburt, deinem Ankommen auf Erden, bist du auch beim Ankommen in der jenseitigen Welt für einen Moment orientierungslos und darfst dich erst wieder zurechtfinden. Dabei helfen dir die lichten Wesen, wie auch deine Seelenfamilie. Triffst du nach dem Übergang wieder auf die Deinen, so kannst du es dir am Besten so vorstellen, als dass sich das Licht und die Energie der Seelenfamilie verstärkt, weil du dazu gekommen bist. So ist es denn auch bei jedem weiteren, der wieder in diesen Kreis eintritt. Du bist nie allein, nicht auf Erden und auch nicht in den jenseitigen Welten. Das solltest du wissen und getrost glauben.

Das Wiedersehen mit geliebten Menschen, die uns vorausgegangen sind, erleben wir in vollem Liebesbewusstsein. Wir treffen erneut auf unsere enge Seelenfamilie, in der es weder Schuld noch Scham, sondern nur bedingungslose Liebe gibt. Dies ist auch denjenigen gegenüber der Fall, die wir in der vorangegangenen Inkarnation als schwierigste Herausforderungen erwählt haben. Diese Tatsache sei an dieser Stelle mit Nachdruck betont und bedarf einer näheren Betrachtung.

Wenn wir unsere Seelenpläne, zusammen mit unserer Seelenfamilie gestalten, gibt es die eine oder die andere Seele, die sich in der nächsten Inkarnation für uns zur Verfügung stellt – und zwar aus Liebe – um uns unsere Erfahrungen zu ermöglichen. Nun, wie wir alle wissen, sind das nicht unbedingt immer freud- oder liebevolle Erfahrungen. Wir machen Erfahrungen mit physischer oder psychischer Gewalt und Missbrauch jedweder Art. Eine Seele willigt also ein, uns in der kommenden Wiedergeburt traumatisierende Dinge anzutun. Im Leben tun wir uns schwer, dieser Person – nehmen wir als Beispiel den Vater – nach einer solchen Tat zu vergeben oder gar Liebe für ihn zu empfinden. In der jenseitigen Welt ist das anders. Hier gibt es nur die Liebe und hier wissen wir, dass der Vater sich aus reiner Liebe bereit erklärt hat, diese Dinge zu tun, damit wir sie erfahren können. Ich bin mir der schier ungeheuerlichen Tragweite meiner Worte durchaus bewusst, auch und gerade mit Blick auf die zahllosen Opfer solcher Missetaten. Auch ist mir bewusst, dass diese Zusammenhänge im irdischen Leben – gerade, wenn man solch eine Erfahrung am eigenen Leib erlitten hat – nur schwer verstanden werden können. Das ist auch nicht unbedingt das erstrebte Ziel solcher Erlebnisse, sondern vielmehr das Wachstum, das daraus entsteht. Der Mensch geht durch die erlebte Erfahrung und – im besten Fall – hin zum Lösen, Befreien und letztlich zur Entwicklung.

Um diese wichtigen Zusammenhänge zu verdeutlichen bleiben wir einmal bei unserem Beispiel. Die Tochter wird also vom Vater misshandelt. Die Tochterseele hat sich diese Erfahrung erwählt und die Lernaufgabe könnte für sie darin liegen, dass sie lernen darf, trotzdem – oder gerade deswegen – in der Liebe zu bleiben. Dies mag letztlich nur einer Seele gelingen, die schon einige diesbezügliche Erfahrungen gemacht hat, einer alten, erfahrenen Seele.

Des Weiteren darf sie erkennen, dass sie keine Schuld an den Ereignissen trägt. Scham ist ein Urtrauma des Menschen und bedarf einer gesonderten Behandlung, ebenso wie die Schuld. Die Befreiung von Schuld und Scham ist eine wahrhaft wichtige Lernaufgabe für – ich möchte fast sagen – jeden Menschen. Dazu an späterer Stelle mehr. Die Tochter darf erkennen, begreifen und auch erfahren, dass sie ein wertvoller, liebenswerter Mensch ist und zwar als allererstes für sich selbst. Sie lernt, sich von ihrer Abhängigkeit von der Anerkennung im Außen zu lösen. Schlussendlich kann sie zur wahren Eigenliebe zurückfinden, sowie auch zur Liebe an sich, als allumfassende Macht im Universum.

Für den Vater hingehen, für den es zweifellos ebenfalls eine Erfahrung von großer Tragweite ist, jemandem Derartiges zuzufügen, könnte es bedeuten, dass er, genauso wie die Tochter, zur Liebe zurückfinden kann. Er darf die Erlebnisse und Muster, die ihn zu solch einer Tat geführt haben, ansehen und in Heilung bringen. Auch hier finden wir Schuld

und Scham. Und schließlich darf er die Achtung und Demut vor dem Leben anderer erlernen.
Das waren ein paar wenige Beispiele, die einer solchen Situation zugrunde liegen können. Es macht deutlich, wie umfangreich und vielfältig das gesamte Inkarnationsgeschehen sein kann und wir bekommen einen Eindruck davon, wie komplex, individuell und grenzenlos das Ganze ist. Aus welchem Anlass, wenn nicht aus der Liebe heraus, könnte eine Seele solch eine schwere Aufgabe übernehmen? So abwegig das für die Lebenden und diejenigen, die eine solch traumatische Erfahrung erleben klingen mag, so ist es doch aus einem Liebesdienst heraus begründet. Damit entfällt ein gewisses Maß an Schrecken dem Erlebten gegenüber, ohne den damit verbundenen Schmerz auch nur im Geringsten schmälern zu wollen. Hier geht es gewiss nicht darum, traumatisierende Taten zu beschönigen oder gar zu rechtfertigen. Vielmehr wollen wir das Leben und die ihm zugrunde liegende Dynamik ergründen, begreifen und verstehen.

Die Kraft der Seele

Wir nehmen eine erfüllende Kraft mit in die geistige Welt, eine Kraft, die nur aus Seelenwachstum heraus entstehen kann. Nichts ist so erfüllend und beglückend, wie seelisches Wachstum, welches wir in unserer Inkarnation erarbeitet haben. Das ist letztlich die einzig wahre Motivation und Aufgabe, um überhaupt ein irdisches Leben zu wählen. Nur darum geht es und deshalb ist Seelenwachstum das Einzige, das wir tatsächlich „mitnehmen".

Im gesamten Inkarnationszyklus geht es letztendlich darum, zu wachsen. Wenn wir auf Erden irgendwann soweit gewachsen sind, dass wir nur noch im Zustand des Erleuchtungsereignisses verweilen, dann ist unser Zyklus abgeschlossen und wir werden nicht mehr inkarnieren. Es geht dann für die Seele in höhere Dimensionen und sie übernimmt andere Aufgaben. So könnte sie sich etwa als Geistführer für andere zur Verfügung stellen, um nur ein Beispiel zu nennen. Aber bis dahin gehen wir in die „Schule des Lebens".

Du magst dich fragen, warum sich die Seele immer wieder entscheidet, durch mitunter schmerzliche Lernprozesse hindurch zu wandern und nicht irgendwann „aufzugeben". Nun, das liegt zum einen daran, dass – für menschliche Begriffe – normalerweise viel Zeit vergeht bis zur nächsten Wiedergeburt und zum anderen, dass die Seele es eben nicht leicht haben möchte. Der Ruf einer Wiedergeburt ist für die Seele unwiderstehlich. Die Seele *will* wachsen. Die tiefe Liebe zum Sein spüren wir in der jenseitigen Welt deutlicher, als tatsächlich auf der Erde. Die Liebe zum Schöpfungsprozess und des Geschenkes der Erfahrungen sind zutiefst in unserer Seele verankert. Dies wird im Rückblick auf unsere Lernaufgaben deutlich.

Allwissende Seele

Eine Seele ist immer allwissend, genauso wie sie immer Liebe ist. Etwas anderes ist nicht möglich. Es wird dich wundern zu hören, dass dies unabhängig davon ist, ob du inkarniert bist oder nicht. Im Gegensatz zum Verstand, der aus der Erfahrung schöpft und deinen Wahrnehmungsmöglichkeiten im Irdischen, aus welchen du jederzeit lernen kannst, *weiß* die Seele. Es ist nicht so, dass eine Seele wahrnimmt und das für sie Wahrgenommene umsetzt. Sie *weiß* einfach.

Hier ist allerdings zu betrachten, was im Inkarnationszyklus „allwissend" bedeutet. Ich möchte betonen, dass eine Seele allwissend ist, bis zu dem Grade ihrer Bewusstheit.

Das, was die Seele für diesen Prozess wissen muss, weiß sie allumfassend. Insoweit ist sie für das Kommen und Gehen allwissend. Deshalb ist sie auch unverletzbar. Doch die Großartigkeit der Schöpfung geht weit über diesen Zyklus der Inkarnation hinaus. Wie schon gesagt, gibt es Dimensionen, in welchen die Seele wirken kann, in denen ihr Wissen erweitert wird um die Prozesse, die dort stattfinden, was wiederum Seelenwachstum beinhaltet. Über die Möglichkeit, sich als Geistführer zur Verfügung zu stellen, sprachen wir bereits. Wenn die Seele allwissend ist, warum möchte sie dann die Erfahrung einer Inkarnation machen? Warum stellt sie sich all diesen Herausforderungen?

Die Seele möchte erfahren und durchleben. Du kannst es dir so vorstellen, dass du immer nur Kochbücher liest, aber nie auch nur 1 Rezept nachkochst. Du erlebst nie die Erfahrung des Geschmacks auf deiner Zunge oder gar das Gefühl der Sättigung. Die Seele will jedoch alles durchleben und durchlieben. Sie will all die wunderbaren Erlebnisse auf Erden schmecken, auch die weniger guten. Darin liegt der Sinn der Schöpfung. Das Schöpfungsprinzip für den Menschen auf Erden ist das Sein. In diesem wahrhaftigen Sosein ist dann eine Rückanbindung an die Seele möglich. Das wiederum ist eine unbeschreiblich erfüllende Erfahrung, die sowohl das Erdenherz nährt, als auch die Seele.

Das mag einfach klingen, ist es aber nicht. Der Mensch hat, wenn er wiedergeboren wird, eine ganze Menge an „Gepäck" dabei, das ihn daran hindert, Zugang zu seiner Seele zu finden.
Wenn der Mensch in einem Zustand ist, in dem er ganz und gar mit sich selbst verbunden ist, nennt man das ein Erleuchtungsereignis oder Lichtkörpererlebnis. Wenn wir es schaffen, ausschließlich und wahrhaftig mit unserem inneren Kern, unserem stillen Ort in uns, verbunden zu sein, ist alles andere bedeutungslos. Dann gibt es kein Außen mehr, keine Worte, keine Handlungen, nichts mehr. Dann ist da nur noch die pure Essenz dessen, was unser Sein ist und damit die Liebe. Wir haben dann nichts mehr und wir tun nichts mehr, wir *sind*.
Das ist ein Zustand des Absoluten. Das ist Gott auf Erden. Das ist das reine ICH BIN, die Wahrhaftigkeit. Wer es einmal erfahren hat, der weiß wovon ich spreche und es ist nicht verwunderlich, dass die Menschen die Erleuchtung als erstrebenswert betrachten. Es ist ein pures, reines Sein, welches für Verstand und Ego unerreichbar ist.
Es mag uns von Zeit zu Zeit in unserem irdischen Leben gelingen, uns der Erleuchtung anzunähern. Dieser Zustand kann jedoch kaum über längere Zeit aufrechterhalten werden, weil uns die Realität und der Alltag wieder einholen. Oftmals ist es nur eine Sache von ein paar Sekunden. Es ist gewissermaßen der Zustand, in dem ich mich jetzt gerade befinde. Zu Lebzeiten mag sich Erleuchtung anfühlen, als ob man bereits wieder nach Hause zurückgekehrt ist, obwohl man noch im Irdischen haftet.
Für manch einen ist das Streben nach diesem Sein der einzig wahrhaftige Lebensinhalt. Für den anderen ist das Menschsein mit all seinen Genüssen, Emotionen und geliebtem Leben das einzig Lohnende. Jeder darf für sich entscheiden, wie er sein Leben gestaltet. Ich halte es für angemessen, sowohl das eine, als auch das andere anzustreben. Ein Menschenleben ist göttlich, so wie es ist. Eine Anbindung an den inneren Kern ist die Würze im irdischen Leben. Die Erfahrung eines Lebens, welches bunt und durchliebt ist, ist ein Geschenk, dass sowohl einzigartig als auch großartig ist.

Plötzlicher Tod

Keine Seele geht ohne ihr Einverständnis. Auch dauert es eine Weile, bis sie sich wirklich vom Irdischen abnabeln kann. Die Seele ist sich ihrer Situation schon bewusst, dennoch benötigt sie Hilfe beim Übergang. Wenn der Tod schnell eintritt, wenn der Mensch abrupt herausgerissen wird aus dem Leben, dann kann es sein, dass die Seele das Irdische erst einmal nicht verlassen möchte, weil etwas in ihr nicht loslassen und sich nicht loslösen kann oder möchte.

Bei plötzlichen Toden ist es durchaus möglich, dass die Seele noch auf Erden verweilt. Dies nennt man dann erdgebundene Seelen. Es sind Seelen, die zwar den Körper verlassen haben, nicht aber die Erde. Bei erdgebundenen Seelen ist der Zeitpunkt endgültig gekommen, nach Hause zu gehen. Dennoch hält sie etwas zurück und bindet sie sozusagen ans Irdische. Eine erdgebundene Seele ist nicht mehr im Irdischen manifest, sie hat aber gleichzeitig die Erde noch nicht verlassen. So ist diese Seele also noch dauerhaft auf der Erde und noch sehr an ihre Inkarnation angebunden. Wenn eine Seele geht und die Erde verlässt um im Jenseits wieder nach Hause zu kommen, so lässt sie auch alles los was sie an das irdische Leben bindet. Eine erdgebundene Seele lässt nicht los. Sie ist zwar in die feinstoffliche Energieform übergegangen, haftet aber noch am „alten System". Man könnte auch sagen, sie hat den Körper verlassen und auch wieder nicht, was die Charaktereigenschaften, Muster, Süchte, irdische Gepflogenheiten und auch das Ego angeht. Erdgebunde haben die Verknüpfung mit dem Weltlichen noch nicht gelöst. So kann eine erdgebundene Seele durchaus noch aus dem Ego heraus handeln. In diesem Falle wird das Ego also nicht mit dem Körper zu Grabe getragen, weil die Seele einfach nicht loslassen will.

Das ist einzig und allein ihre eigene Entscheidung. An Orten an welchen viele Seelen gingen, wie auf Schlachtfeldern, findet man oft noch viele Seelen. Manchmal bleiben die Seelen auch in den Häusern, in denen sie vormals lebten. Sie bleiben, weil sie dem Engel des Wandels nicht folgen wollen. Auch fühlen sich viele Seelen von ihren Angehörigen noch sehr angezogen. Sie wollen sich noch nicht trennen. Erdgebundene fühlen sich sicher, dort wo sie sind. Dennoch können sie ins Licht geführt werden, etwa indem du eine Lichtsäule visualisierst, in die sie eintreten können. Du kannst die Engel zu Hilfe rufen und bitten, die Seele zu begleiten. Vielleicht möchtest du Lieder singen, welche es ihnen leichter machen zu gehen. Möchtest du Seelen ins Licht schicken, die auf besagten Schlachtfeldern zu Tode kamen, also sehr viele Seelen auf einmal, kannst du an einer Stelle Blumen ablegen oder Kräuter räuchern, um nur einige der zahllosen Möglichkeiten und Hilfsmittel zu nennen. In dieser Weise kannst du nicht nur die Seelen, sondern auch den Ort mit erlösen. Du kannst Lichtsäulen installieren, die einen leichteren Zugang zur geistigen Welt offenlegen und laut kundtun, dass du ihr Schicksal achtest, dass sie aber jetzt gehen dürfen. Bist du medial so geschult, dass du Kontakt mit ihnen aufnehmen kannst, darfst du sie fragen, was sie brauchen. Manchmal ist es notwendig, das Ganze zu wiederholen und erst dann gehen wirklich alle Seelen. Um den Ort zu heilen – Mutter Erde hat schon viel Leid und Blut aufnehmen müssen – kannst du die Gegend oder den Ort mit Licht erfüllen. Im Zweifelsfall bitte die Engel dir zu helfen. Sie werden dich nicht abweisen und wissen immer, was zu tun ist. Es gibt hierfür keine Regeln, außer die, dass du in Liebe handeln darfst.

2. Teil

Spirituelle und geistige Hintergründe des Lebens

„Das Herz klopft dem Leben
und dem Tod entgegen.
In dieser gewaltigen Melodie
wird die Einheit beider offenbar.“

Hans Ossenbach

Unsere Geistführer

Bevor wir zur Wirkungsweise von Geistführern kommen, möchte ich das Wesen der Geistführer darstellen. Geistführer sind Seelen die ihren Inkarnationszyklus abgeschlossen haben und für die Menschen auf Erden zur Verfügung stehen. Jeder Mensch kann mehr als nur einen Geistführer haben. Oftmals verhält es sich so, dass es bei Heilern beispielsweise einen bestimmten Geistführer gibt, der den Heiler bei seiner Arbeit unterstützt und einen anderen, wenn es um seine rein persönlichen und privaten Belange geht.

Geistführer beraten, lehren, unterstützen und führen die Menschen. Dies tun sie auch in ganz realen Fragen des Lebens. Jeder, wirklich jeder Mensch, hat solche Wesenheiten um sich und kann sie um Rat und Hilfe bitten. Diese geistigen Helfer können also einerseits kontaktiert und befragt werden, andererseits senden sie auch gerne Hinweise und Zeichen im Außen. Auch wenn man nicht an sie glaubt, wird der eine oder andere doch zugeben müssen, in seinem Leben schon einige „Zufälle" erlebt zu haben, in welchen er geführt wurde, um in einem Moment genau am richtigen Ort zu sein, das Richtige zu tun oder Mitmenschen zu treffen, die gerade jetzt, in der momentanen Lebensphase, wie gerufen kommen. Manchmal verhält es sich so, dass uns der Geistführer so oft auf eine bestimmte Sache hinweist, dass wir verblüfft sind. Wir erhalten beispielsweise zu einem bestimmten Thema eine Werbung im Briefkasten, finden plötzlich eine Dokumentation im Fernsehen oder lernen jemanden kennen, der sich genau mit demselben Thema befasst. Geistführer kommen auch im Traum zu uns. Wenn wir nicht in der Lage sind, unsere inneren Fähigkeiten zur Kontaktaufnahme mit der geistigen Welt zu nutzen – die übrigens jeder Mensch hat – kommen sie auch gerne in unseren Träumen auf uns zu. Sie zeigen sich dann und vermitteln so ihre Botschaften an uns. Besonders Kinder sind noch sehr viel hellsinniger und medialer als Erwachsene und können sie sehr viel

realer wahrnehmen als die älteren Generationen. Wenn dir also dein Kind sagt, es sieht Gestalten, Personen oder Tiere in seinem Zimmer, dann darfst du ihm getrost Glauben schenken.
Nicht nur Geistführer stehen uns zur Seite, sondern auch andere lichte Wesen, wie Engel, Krafttiere und Ahnen. Auch sie sind gerne unterstützend und helfend bei uns. Sie sind jedoch keine Geistführer im klassischen Sinne. Wir durchleben verschiedene Phasen im Leben und hin und wieder ändern sich die Helfer, weil sie uns in diesen besonderen Zeiten zur Seite stehen wollen und können. Der Geistführer, der für deine ganz eigenen, persönlichen Belange und deine Spiritualität an deiner Seite ist, begleitet dich inkarnationsübergreifend. Das bedeutet, er ist von Beginn an bei dir, solange, bis dein Inkarnationszyklus abgeschlossen ist.
Übrigens lassen sich Geistführer manchmal auch zurückverfolgen. Das bedeutet, sie teilen sich mit, in welcher Inkarnation sie auf Erden wandelten und wann. Spannend ist es dann, wenn sie solche Identitäten hatten, die man nachverfolgen kann, weil sie Edelmänner, Könige oder dergleichen waren. Neben den erwähnten Helfern der geistigen Welt wie Krafttiere oder Engel, gibt es noch viele weitere. Wir kennen Einhörner – ja, es gibt sie wirklich. Einhörner waren einmal zu ganz früheren Zeiten Erdbewohner. Sie zogen sich in andere Dimensionen zurück, als die Schwingung auf der Erde niedriger wurde. Zu Zeiten der höheren Kulturen wie Atlantis oder Lemurien, waren sie noch hier. Diese zarten, lichten Wesen benötigen eine sehr hohe Schwingungsumgebung um sein zu können. Der Mensch, der sich zu diesen Wesen hingezogen fühlt, kann dennoch mit ihnen Kontakt aufnehmen, in einer anderen Dimension eben.
Außerdem möchte ich die Drachen erwähnen. Bei ihnen verhält es sich genauso, auch sie waren einmal auf Erden und auch sie stehen uns zur Seite, wenn wir es denn wollen und einen Bezug zu ihnen aufbauen können. Wesen wie Pegasusse, Chirons oder Riesen sind nicht auf Legenden und Sagen zu reduzieren. So manch ein Mensch hat solche Begleiter in seinem geistigen Team. Und es gibt natürlich auch die namhaften

Persönlichkeiten – so kann ich es ausdrücken – die sich von Zeit zu Zeit auch einmal als Impulsgeber oder vorübergehende Begleiter zeigen, wie Jesus Christus, Mutter Maria, ein König oder eine Gottheit. Alle diese lichten Wesen stehen uns mit den ihnen eigenen Fähigkeiten und Qualitäten bei und wir können genau zu der Stunde, in der sie bei uns sind, von diesen profitieren und lernen.

Alle Menschen tragen das Potenzial in sich, mit der geistigen Welt Kontakt aufzunehmen. Beim Großteil sind diese Fähigkeiten allerdings tief vergraben, weil wir gegensätzlich erzogen und gelehrt wurden. Sogar – eigentlich – spirituelle Vereinigungen, wie die Kirche akzeptieren die wahre Größe des spirituellen Menschen nicht. Du darfst zu Engeln beten, aber wenn sie dir antworten, stößt das auf Ablehnung seitens der Kirche.

Die Menschen also, die sich nach einem lichten Ansprechpartner sehnen, aber ihre medialen Fähigkeiten nicht nutzen können, dürfen dennoch versuchen Antworten zu bekommen. Wenn du eine Frage hast, dann stelle sie ans Universum, einen Engel oder deinen Geistführer. Anschließend achte auf die Zeichen im Außen. Wenn keine direkte Kommunikation möglich ist, wählen die Lichten die indirekte, über Zeichen. Gehe ein wenig bewusster durch deinen Tag und richte deine Achtsamkeit darauf. Du bekommst immer eine Antwort. Manchmal kommt sie dir „wie von selbst" in den Sinn.

Dann gibt es Menschen, die als Medium arbeiten und anderen Menschen beibringen, wie sie den direkten Kontakt zur geistigen Welt herstellen können. Ein Medium oder Lehrer kann also konsultiert werden und du kannst über sie mit der geistigen Welt kommunizieren oder bei ihnen lernen, es selbst zu tun.

Ich werde hier nicht die Vorgehensweise darlegen, wie so etwas von statten geht. Eine gewisse Achtsamkeit und ich möchte sagen, Ehrfurcht ist angebracht, wenn man diese medialen Fähigkeiten wecken möchte. Hier eine schriftliche Anleitung zu geben wäre verantwortungslos.

Diesseitige Gotteskonzepte

Konzepte ergeben im Jenseits keinen Sinn. Konzepte sind rein menschliche Konstrukte. Wenn die Menschen begreifen, dass sie ein Teil von Gott, dem göttlichen Bewusstsein, der Schöpfung, der liebenden Allmacht, der großen Intelligenz – oder wie auch immer jeder es für sich benennen möchte – sind, werden jegliche Konzepte auch auf Erden bedeutungslos.

Die Menschheit wird seit Jahrhunderten nach Konzepten gelehrt, programmiert und erzogen. Es ist nur natürlich, wenn der Mensch auch Gott in Konzepte packen möchte. Leider. Doch bitte verstehe, dass die göttliche Energie – aus der wir alle stammen – weit über das Verstandeskonzept hinausgeht. Alleine die Benennung Gott oder Intelligenz, also der Name, den wir verleihen, ist schon eine Verstandessache. Selbstverständlich mögen wir es benennen, ihm einen Namen geben, damit wir wissen, was gemeint ist. Dennoch hat es letztendlich keine Bedeutung. Wie könnte man der größten Liebesessenz im Universum einen Namen geben, der ihm entspricht? Doch lass uns also mit dem Wort „Gott" arbeiten.

Gottesbewusstsein lässt sich ausschließlich über Herz und Seele erfahren. Das ist der einzige Weg. Alles, was in diesem Gottesbewusstsein gesagt und getan wird, wird in voller Liebe getragen. Wenn etwas in und mit Liebe gesagt und getan wird, wenn es ohne Absicht selbstlos ist, ist der Mensch im Gottesbewusstsein. In diesem Moment lebt der Mensch seinen Anteil an Liebesbewusstsein, so wie es ihm gerade möglich ist. Damit lebt er seine Göttlichkeit, fern jeglicher Konzepte.

So darf jeder Mensch für sich prüfen, wenn er denn möchte, nach welchem ihm anerzogenen Konzept er die Gottesliebe lebt und ob es für ihn stimmig ist oder auch nicht. Worin sieht er Gott und wie lebt er das göttliche Liebesbewusstsein? Dann wird er schnell merken, dass Konditionen abfallen und letztendlich die pure Freude am Sein und die Bereitschaft bleibt, die Liebe zu leben und zu teilen.

Über Gott

Zu meinen Lebzeiten war ich sehr verhangen in religiöse Konzepte, wie oben so schön genannt. Dennoch glaubte ich. Mein Glaube war unerschütterlich, aber ich möchte sagen, dass ich aus jetziger Sicht in einigen Überzeugungen fehlgeleitet war. So entwickelte ich, das Thema betreffend, einen gewissen Starrsinn.

Was ich über Gott weiß ist, dass seine Größe nicht zu messen ist. Als Mensch hatte ich, jetzt im Nachhinein gesehen, überhaupt keine Vorstellung davon, wie sich Gottesliebe anfühlt. So geht es wohl den meisten von uns. Gott ist keine Person, so wie die Religionen es uns vermitteln wollen. Wie könnte man diese unermessliche Macht je auf eine Person reduzieren? Jeder Mensch, jeder von uns, ist ein Teil von ihm und damit er selbst. In manchen Stunden können wir die göttliche Präsenz in uns tatsächlich wahrnehmen. Wenn wir Glückseligkeit im Herzen spüren, sind wir Gott ganz nah. Ich weiß, dass der Mensch zu irdischen Lebzeiten kaum die Herrlichkeit und Heiligkeit seiner selbst und damit diejenige Gottes, ermessen kann. Wir sind reduziert auf die kleinen Glücks- und Erleuchtungserlebnisse, in denen es uns zeitweise gelingt. Wenn der Übergang stattfindet, sind wir wieder in vollem Umfange angeschlossen an diese unwiderstehlich anziehende Liebesfrequenz. Aus diesem Grunde ist es bei Nahtoderlebnissen immer, ausschließlich immer so, dass die Seele am liebsten gehen würde, weil sie heimkehren möchte. Im Grunde sehnen wir uns alle tief in uns selbst danach, die vermeintliche Trennung vom Göttlichen wieder aufzuheben. Deshalb ist es bei einer Nahtoderfahrung verführerisch ins Licht zu gehen. So ist Gott also eine Allmacht, die für die Irdischen ein Mysterium darstellt und gleichzeitig ein offenes Buch sein kann. Wir dürfen uns getrost und voller Vertrauen diesem Mysterium anschließen, weil wir tief in uns das Wissen finden, dass wir geliebt sind und nicht allein. In diesem Anschluss kann jeder Gott in sich selbst finden und leben.

Ich kann mit Worten kaum beschreiben, wie sich Gottesliebe anfühlt. Wer einmal ein Erlebnis hatte, bei dem er einem Lichtwesen, wie etwa Jesus – wenn auch in einer Meditation – begegnet ist und sein Licht spüren konnte, der hat wohl eine ungefähre Vorstellung davon, wie es sich anfühlt.

Es ist die Liebe, die dich atemlos macht. Es ist die reine Essenz, die du spürst in den Momenten, wenn du in deinem ICH BIN-Anschluss bist. Sie ist absolut und bedingungslos. Sie ist ewig und immerdar. Wir sehnen uns so sehr nach dieser Liebe, dass wir vergessen, dass wir ein Teil ihrer sind. So, wie wir ein Teil von Gott sind, so ist es unmöglich, nicht Liebe zu sein. Mit der Wiedergeburt in unsere irdische Zeit vergessen wir um diese Liebe und verbringen unsere Leben damit, Liebe trachtend bei anderen zu suchen. Doch die Liebe anderer kann niemals Ersatz sein für die Gottesliebe, die wir doch alle in uns tragen. Diese Liebe aufzuspüren und wieder zu entdecken, ist wohl die größte und schwierigste aller Lernaufgaben der inkarnierten Seelen. Jesus hat von dieser Liebe gesprochen und sie auch verkörpert. Wenn wir sein Leben betrachten können wir ermessen, zu welchen Taten auf Erden wir fähig wären, würde unsere Existenz ausschließlich von dieser Liebe geleitet.

Glaube

Der Glaube eines Menschen, schenkt ihm Sicherheit und Geborgenheit. Wenn er glaubt, verlässt er sich in diesem Augenblick auf sein inneres Wissen. Es ist ein Sichhineingeben in eine Gewissheit, die man im Inneren trägt. Ich möchte hier eine unbedingte Differenzierung zu dem Glauben aufzeigen, der uns anerzogen wurde, egal in welcher Art der Religion. Davon ist hier nicht die Rede.

Der Glaube, der aus unserem tiefsten Herzen kommt, beinhaltet Gottvertrauen. Er beinhaltet das Wissen, dass es etwas gibt, das für uns sorgt, das uns behütet und beschützt. Es ist das Wissen um die Schöpfung und die Allmacht der Liebe. In Momenten des Glaubens sind wir rückverbunden mit unserer ureigenen Göttlichkeit. Im Grunde könnten wir sagen, anstatt „ich bin spirituell", auch „ich bin gläubig". Nur wählen wir diesen Begriff nicht so gerne, weil er zumeist mit Religion assoziiert wird. So sind wohl alle Menschen, die sagen „es gibt etwas zwischen Himmel und Erde", ohne es direkt benennen zu können, gläubig.

Dies bringt uns aber auch ins Mitgefühl denjenigen gegenüber, die an nichts glauben. Nihilisten sehen keinen Sinn im Leben und glauben weder an die Wiedergeburt, noch an Gott oder eine sonstige, über uns wachende Macht. Der Glaube kann uns unglaubliche Kraft spenden. Er ist überaus machtvoll. Wahrer Glaube ist mächtiger als die Hoffnung, die immer ein gewisses Maß an Unsicherheit mit sich trägt, weil ihr die bedingungslose Gewissheit fehlt.

Er kann uns zu Leistungen führen, bei welchen wir über uns hinauswachsen können. Glaube kann Berge versetzen. Gleichzeitig ist er ein guter Tröster und lässt Verzweiflung gar nicht erst aufkommen.

So kann man also sagen, dass unser Glaube im Grunde ein Verlassen auf unsere innere Weisheit ist. Von diesem Standpunkt aus betrachtet rückt er in ein ganz anderes Licht. Glaube bringen wir selbst auf, niemand fügt ihn zu noch könnten wir ihn anlernen. Er ist uns gegeben und zwar von uns selbst.

Religiöser Fanatismus

Religiöser Fanatismus ist rein menschengemacht. Es ist wohl nicht nötig zu erwähnen, dass das nichts mit Gott oder gar mit Liebe zu tun hat. Religiöser Fanatismus findet seine Basis in Erziehung, Vorleben der Bezugspersonen und fehlgeleiteten Lehren. Wo fängt religiöser Fanatismus an? Sobald die Lehre mit einem Dogma gebrandmarkt ist, haben wir es mit Fanatismus zu tun. Also ist die katholische Kirche in gewisser Weise schon eine fanatische Lehre. Natürlich hat ein solcher Fanatismus unterschiedliche Ausmaße, doch wissen wir, wie weit die katholische Kirche in der Vergangenheit ging.

Ein Mensch, der religiösem Fanatismus anhängt, ist im Grunde ein Opfer. Er würde sich wahrscheinlich nicht so betiteln, doch sieht er im Außen nur Schuldige. Seine Opferhaltung macht ihn zum Täter, wenn er denn seinen Fanatismus rücksichtslos mit allen Mitteln auslebt. Geschürt wird dieser Grundgedanke vom Ego, das ihn bestärkt in dem was er tut und das ihm die Illusion von Schuld und Sühne vorgaukelt. Es ist für den betroffenen Menschen ein – wenn der Fanatismus ausgeprägt ist – sehr leidvolles Dasein. Immer hat er mit vermeintlichen Unzulänglichkeiten anderer zu leben. Das heißt, dass er Zeit seines Lebens negative Gedanken lebt und dass der Hass nicht weit ist.

Wir wissen, dass es in der geistigen Welt weder Schuld noch Sühne gibt. Das sind keine Ideen, die die lichte Welt nutzt. Es sind menschengemachte Gebilde, die einzig und allein dem Zwecke dienen, andere zu unterwerfen und zu manipulieren.

Unser Ego spielt hier fleißig den Regisseur, denn es unternimmt alles ihm Mögliche, um uns von uns selbst fernzuhalten. Es suggeriert uns entweder, dass es einen Schuldigen im Außen gibt, der für alles die Verantwortung trägt oder dass wir uns selbst Schuld aufgeladen haben. Dann fühlen wir uns schlecht oder wütend und das Ego jubelt.

Doch wir wissen um den illusionären Charakter der Schuld. Etwas anderes kann gar nicht sein, weil es keine Basis hat, kein Fundament. Für alles was der Mensch tut und sagt, trägt er selbst die Verantwortung. Wie könnte jemand anderer Schuld für mein Leben aufgeladen haben? Ich habe einen freien Willen und kann zu jederzeit eine Entscheidung zu meinem Wohle für mich treffen. Tue ich das nicht, wie könnte ich jemand anderem die Schuld dafür geben?

Da gibt es diese Geschichte, in der ein Mensch Gott vorwirft, warum er denn nichts tue gegen die Gräuel und Ungerechtigkeiten auf der Welt. Gott antwortet: „Dasselbe wollte ich dich auch gerade fragen".

Wie können wir uns schützen vor den Einflüssen des Ego? Nun, wir haben die Wahl. Wenn wir ständig das Gefühl haben an allem schuld zu sein, dürfen wir uns betrachten, worin das begründet liegt. Möglicherweise ist es eine Lernaufgabe. Schützen können wir uns, wenn wir vorbehaltlos ehrlich zu uns sind und uns von Zeit zu Zeit selbst hinterfragen. Was sagen und tun wir aus dem Ego heraus? Was ist ehrlich und wahrhaftig von Liebe getragen? Dazu ist zweifelsfrei ein gewisses Maß an Selbstreflektion und geistiger Reife notwendig. Diese gewinnen wir nur, wenn wir unsere Themen betrachten, wenn wir nach persönlichem Wachstum streben und alles bearbeiten, was uns traumatisiert und belastet.

Freier Wille und karmische Verstrickungen

Seelenpläne schließen den freien Willen nicht aus. Die Pläne, die wir für uns erstellen und die Lernaufgaben und Erfahrungen, die wir uns aufpacken, sind uns in der geistigen Welt vollumfänglich bewusst. Zu unseren Lebzeiten auf der Erde können wir dann frei entscheiden, welche Themen wir uns ansehen wollen oder auch nicht. Der freie Wille ist und bleibt unberührt. Karmische Verstrickungen resultieren aus diesen Erfahrungen.

Ich habe weiter oben schon gesagt, dass wir mit einem vollen Reisekoffer inkarnieren, dass wir einiges an Gepäck mitbringen. Dazu gehören auch die karmischen Verstrickungen. Das kann so weit gehen, dass wir – um ein konkretes Beispiel zu nennen – das Erlebnis eines früheren Todes noch als Trauma in unserem Energiesystem gespeichert haben. Das kann uns dann in der nächsten Wiedergeburt Probleme bereiten. Ist eine Lernerfahrung nicht erlebt, erfahren und auch erlöst, so kann es eine Verstrickung sein, die wir erneut ins nächste Leben mitbringen. Dann werden wir wieder ähnliche, wenn nicht die gleichen Herausforderungen erleben, solange bis sie aufgelöst sind.

Ist die Situation sehr beschwerlich und schmerzhaft und ist der Mensch sich der karmischen Zusammenhänge bewusst, so gibt es Möglichkeiten, mit verschiedenen Methoden, „zurückzureisen" in vergangene Leben und die Situation aufzulösen. Ich halte das für eine gute Sache, die schließlich dem Wachstum dient.

Machen wir das anhand eines Beispiels deutlich: Eine Frau leidet darunter, dass sie sich in ihrem Leben nicht gesehen fühlt. Sie fühlt sich vollkommen ignoriert und auch von ihrer Tochter fühlt sie sich nicht wahrgenommen. Sie wählt die Möglichkeit, dies in einer Rückführung in ein früheres Leben zu ergründen. Dazu darf ich erwähnen, dass es heutzutage Reinkarnationstherapeuten und Rückführung bei spirituellen Beratern gibt. Man kann also unter kompetenter Anleitung eine geistige Reise zurück in ein vergangenes Leben durchführen. Bei der Reise der Frau stellt sich schließlich heraus, dass sie in einer früheren Lebenszeit ebenfalls die Mutter dieser Tochter war. Von ihrem Stamm verstoßen, ging sie mit dem Mädchen auf einem Kamel in die Wüste. Sie war keine angenehme Zeitgenossin, die Tochter war ihr eine Last. So lief sie also durch die Sanddünen mit ihrer Tochter, die das Kamel ritt. Das Wasser, das sie mit sich trug, behielt sie für sich alleine. Irgendwann drehte sie sich um und das Kind war verschwunden. Es musste wohl vom Kamel gefallen sein. Sie sah sich kurz um, nur um dann unberührt weiterzugehen. So sah sie das Kind nicht, das nur einige Meter entfernt in einer Senke lag. Das Mädchen starb und die Mutter kam auch nicht mehr weit.

So spannt sich der Bogen und die karmische Verstrickung nahm sie Leben für Leben mit, bis sie letztlich in einer Rückführung gelöst werden konnte. Die Situation der Frau entspannte sich. Sie hatte nicht mehr das Gefühl, nicht wahrgenommen und gesehen zu werden.

Hier sehen wir sehr gut, wie Karma uns einholen kann. Wir können getrost davon ausgehen, dass jeder – wirklich jeder – von uns, sich in irgendeinem Leben negatives Karma aufgebürdet hat. Die Auflösung und das Abarbeiten eines negativen Karmas kann sich auch so darstellen, dass wir in einem späteren Leben genau die gleiche Erfahrung durchleben wie die, die wir im früheren Leben bei anderen verursacht haben. Vielleicht haben wir uns im jetzigen Leben der Aufgabe verschrieben, genau die Auswirkungen, die wir vormals verursacht haben, bei anderen zu heilen oder zu therapieren.

In der jetzigen Zeit des Wandels werden uns unsere früheren Erlebnisse und Inkarnationen sehr schnell vor Augen geführt. Wir haben die Möglichkeit, diese Verstrickungen viel rascher zu erlösen, als noch vor 10 Jahren.

Dabei kommt es nicht darauf an genau zu wissen, wann wir Henker oder Richter, Opfer oder Täter waren. Wir können die Knoten, die uns an die Vergangenheit binden, manchmal in Windeseile lösen. Neben den

bekannten Methoden ist dies teilweise auch in einfachen Meditationen zu bewerkstelligen, bei welchen wir geführt werden an die Stellen, welche zur Heilung des jeweiligen Feldes nötig sind, ohne dass es uns gar bewusst war.
Um den Erlösungsvorgang einzuleiten kann es förderlich und heilsam sein, wenn wir uns aufmachen und Orte besuchen, von denen wir wissen, dass wir dort lebten. Wenn dich also ein bestimmter Ort, ein Land oder eine Stadt „ruft", wenn du schon immer das Gefühl hattest, du musst dort hin, dann tue es. Es dient deiner Heilung.

Geschlechterwechsel der Seele

Der Mensch kann als Mann oder als Frau wiedergeboren werden. Beides ist möglich. Was verbreitet wird, jedoch *nicht* möglich ist – und das sage ich in aller Deutlichkeit – ist die Wiedergeburt als Tier. Ein Tier ist ein völlig anderes Schwingungsfeld, als der Mensch. Tiere und Menschen haben ganz unterschiedliche Seelenstrukturen.

Dass beides möglich ist, Mann oder Frau, beweist wie vielfältig und breitgefächert die irdischen Erfahrungsmöglichkeiten sind. Wenn wir uns einmal vor Augen führen, dass eine Frau die Welt völlig anders erlebt als ein Mann, dann bekommen wir einen Eindruck davon, wie viele Erfahrungsmöglichkeiten sich daraus ergeben. Man kann also – so man denn will – die gleiche Erfahrung einmal als Mann und einmal als Frau, erleben. Angesichts der schier zahllosen Wahlmöglichkeiten, die das Inkarnationsgeschehen bietet, kann man in etwa begreifen, wie komplex die Schöpfung ist. Wir planen unsere Inkarnationen gemeinsam mit der Seelenfamilie. So vereinbaren wir, wem welche Rolle zufällt. Die Seele selbst ist geschlechtslos. Sie ist Liebe. Liebe hat kein Geschlecht. So müssen wir uns nicht wandeln. Es gibt also keinen Geschlechterwechsel in dem Sinne. Wir entscheiden uns, ob wir als Mann oder Frau inkarnieren möchten.

Schwüre und Gelöbnisse

Kommen wir nun zu einem weiteren Gepäckstück aus unserem Reisekoffer.

Schwüre, auch Eide und Gelübde, begleiten uns auf unserer Inkarnationsreise. Wenn wir in einem früheren Leben einmal ein Gelübde abgelegt haben, so taten wir dies aus voller Seele. Ein Schwur ist nicht einfach ein so dahingesagtes Gerede, nein, er ist bindend.

Es gibt der Möglichkeiten unendlich viele. Wir legten Eide ab, wenn wir in Gemeinschaften eintraten. Das können Kriegergemeinschaften gewesen sein oder auch religiöse oder einfache Lebensgemeinschaften. Wir kennen Gelübde wie das Armuts-, Schweige- oder Unterwerfungsgelübde. Wenn nun jemand ein Schweigegelübde geleistet hat, so hat er in späteren Leben vermutlich Schwierigkeiten damit, sich auszudrücken, steckt lieber zurück und äußert seine Meinung nicht. In Kriegergemeinschaft hat man womöglich geschworen, diese Gemeinschaft auf immer und ewig zu ehren, zu lieben und jeden zu bekämpfen, der sich ihr in den Weg stellt und sie angreift. So verbringt man spätere Leben möglicherweise ständig im Streit und Kampf mit anderen.

Solche Umstände können uns also das Leben schwer machen und uns Stolpersteine in den Weg legen. Ich möchte behaupten, dass fast jeder in irgendeiner Inkarnation schon einmal ein Gelübde, einen Eid oder einen Schwur geleistet hat. Dabei gibt es auch Schwüre, die wir für uns ganz alleine im Stillen leisten. Es muss nicht immer eine Vereinigung dahinterstehen. Nein, wir schaffen das auch ganz alleine.

Was uns ebenfalls beeinflusst sind Flüche. In diesem Zusammenhang möchte ich sie nicht unerwähnt lassen. In früheren Zeiten war es durchaus gang und gäbe, Menschen, die wir ablehnten oder gar hassten, zu verfluchen. Ein Fluch ist wie ein Schwur den jemand anderer für Dich ausspricht. Er kann dir also ebenso Probleme bereiten. Wichtig ist dabei, nicht in Angst zu verfallen, denn ein Fluch muss nicht zwingend etwas Lebensbedrohliches sein. Eide, Gelübde oder Schwüre lassen sich zumeist ganz einfach auflösen durch ein Ablösegebet. Hier kann man sich, ganz individuell für sich selbst, ein Gebet schreiben oder aber man nutzt das Angebot in Literatur und Internet. Man spricht sozusagen eine Auflösung aus. Gerne darf man das Gebet ein paar Tage lang wiederholen, solange bis man das Gefühl verspürt, dass die imaginären Ketten gefallen sind.

Dasselbe kann man mit Flüchen versuchen, manchmal genügt das jedoch nicht und es ist anzuraten, jemanden zu konsultieren, der einem dabei behilflich sein kann. Das kann ein Aurachirurg, ein Medium oder ein Gebetsheiler sein. Auch hier gilt die Anerkennung dessen zu wahren, dass wir selbst unser Einverständnis dazu gegeben haben, diese Verbindungen einzugehen. Wir dürfen uns dafür vergeben und das Alte in Liebe gehen lassen.

Vom Machen zum Sein

Wir wurden die letzten Jahrhunderte in eine Welt geboren, wieder und wieder, in der es um Fortschritt, Erfolg, Geld und Macht geht. Wir wurden dahingehend erzogen, dass wir nur wertvoll sind, wenn wir viel besitzen und viel tun. Das eigentlich Wertvolle und das Heilige, das Sein, geht dabei völlig unter und nichts Geringeres als die Selbstwahrnehmung geht dabei verloren.

Oft passieren im Leben eines Menschen Dinge wie Schicksalsschläge oder schwere Krankheiten, die ihn dazu bringen, über sein Leben nachzudenken. Viele Menschen spüren im Laufe ihres Lebens, dass das „Funktionieren im Hamsterrad" nicht alles sein kann, was das Leben zu bieten hat. Sie finden den Weg in die Spiritualität und machen sich auf, sich selbst näher zu kommen. Erfreulicherweise werden es immer mehr. Dabei geht es nicht darum, ein spirituelles Programm abzuarbeiten, täglich zu meditieren, soviel als möglich spirituelle Produkte zu kaufen oder einen Kurs nach dem anderen zu belegen. Der Mensch darf – gerade in der heutigen Zeit – lernen, ja wieder erlernen, sich auf sich selbst zu besinnen. Auch in diesem heutigen Überangebot auf dem spirituellen Markt geht es zumeist um Haben und Tun. Also auch hier finden wir ein Verstandeskonzept und ganz viel Ego.

Jesus Christus, das weiß ich heute, hat wohl die Liebe gepredigt, aber auch die Freude, die Lust und den Luxus des Am-Leben-Seins. Er predigte nicht von Verzicht oder Armut, sondern von innerem Reichtum, von der Fülle, aus dem Inneren heraus zu leben.

Das bringt uns zu der Frage, die jeder Mensch als allererstes für sich zu ergründen versuchen sollte: *Wer bin ich?* Nicht, was habe ich oder was muss ich tun? Bei all unseren Lernaufgaben, die wir uns ersonnen haben, ist dies die wohl erstrebenswerteste Antwort, die wir ersuchen sollten. Haben wir das erreicht, sind auch Fragen wie die nach dem Wohin beantwortet. Nun, wie können wir das schaffen? Es ist – so kann man sagen – die wohl existenziellste Frage des Universums und gleichzeitig das oberste Schöpfungsprinzip. Der Weg des Menschen kann nur zurück führen zur Selbstwahrnehmung und zur Erkenntnis dessen, was alles in ihm liegt, welche Schätze er im Verborgenen hütet. Darin besteht die Verbindung zur ureigenen Essenz. Es ist eine Reise, die zurückführt und gleichzeitig eine Schälung von allem beinhaltet, das im Grunde gar nicht zu uns selbst gehört. Es ist eine Befreiung von Dingen, die du dir angeeignet und zugelegt hast, weil du dachtest, du brauchst sie oder – schlimmer noch – weil andere dir sagten, du bräuchtest sie.

Obwohl die Antwort sehr nahe liegt, ist es kein leichtes Unterfangen. Über eine lange Zeit hast du den umgekehrten Weg zu gehen gelernt. Deine Reise zu dir selbst sollte immer die Route vom Kopf ins Herz nehmen. Bleibe bei dir und suche dich! Finde den Kontakt zu deinem Höheren und deinem Göttlichen Selbst! Suche in dir, nicht in einem spirituellen Laden! Dies ist die wirkliche und einzige Art der Eigenverantwortung, die zu lernen ein wahrer Akt der Eigenliebe ist.

Die Angebote im Außen können dir auf deinem Weg allenfalls behilflich sein. Sie können jedoch deine eigene Verantwortlichkeit – ja, ich möchte fast sagen Verpflichtung – dir selbst gegenüber, nicht ersetzen. Nutze gerne die Produkte des „spirituellen Supermarktes“, aber behalte dich dabei selbst im Auge.

Konstrukt einer Hölle

Das Konstrukt der Hölle, so wie es durch die Religion dargestellt wird, gibt es nicht! Es ist ein Machtinstrument um die Menschen knechten und manipulieren zu können. Das hat die vergangenen Jahrhunderte auch erfolgreich funktioniert.

Wie wir aus der Geschichte kennen, haben die Spitzen der Kirche ganze Königshäuser übernommen und geführt. Alleine die Ablasszahlungen – die sich übrigens nur die Reichen leisten konnten – haben der Kirche immense Summen eingebracht. Es wurde im Namen der Kirche und damit im Namen Gottes – was für ein unglaublicher Frevel! – manipuliert, verfolgt und gemordet. Wenn man so will, hat die katholische Kirche die Hölle auf die Erde gebracht. Also Punktum, es gibt diese Hölle wie die Religion sie darstellt, nicht!

Das würde ja bedeuten, dass es ein Gericht gibt, vor das jeder Verstorbene geführt und von Gott gerichtet wird. Gott richtet nicht, er liebt! Das ganze Inkarnationsprinzip wäre sinnlos, wenn am Ende jemand eine Rechnung aufstellen würde.

Da wir aber wissen, dass der Mensch in seiner Schöpfungsfähigkeit alles erschaffen kann, kann er sich auch eine Hölle erschaffen. Und wenn dieser Mensch in Angst lebt und täglich den Teufel vor Augen hat, ja dann erlebt und empfindet er die Hölle. Er lebt sie gewissermaßen schon ohne zu erkennen, dass er sich selbst ein Illusionsgebäude aufgebaut hat. Solche Menschen werden oft psychisch krank und die Schizophrenie ist nicht weit.

Denn, und das muss ich leider auch dazu sagen, es gibt in der Tat Wesen auf Erden, die eine dunkle Energie tragen. Lebt der Mensch in Angst, ist das ein Nährboden für diese Energien. Diese Wesen tragen unterschiedliche Namen, in Abstufung ihrer dunklen Frequenz. Man nennt sie Astralwesen, Elementarwesen, bis hin zu Dämonen.

Es gibt Menschen, die diese Art der Existenzen interessant und anziehend finden und sich gerne gruseln. Dazu nutzen sie gerne das sogenannte Witchboard, auch bekannt als Ouija-Brett. Ich kann davon nur abraten. Hier werden Schleusen geöffnet und man kann sich Energien einladen, die einem wirklich schaden. Ich möchte den Lesern damit keine Angst machen. Wenn es jedoch um die Hölle gehen soll, erachtete ich dies als erwähnenswert, denn die Frage nach der Hölle, mit der man die übelsten Kreaturen assoziiert, wirft auch die Möglichkeit der Dunkelheit auf Erden auf. Es ist in einem solch umfangreichen Werk unumgänglich, auch die Thematiken aufzuwerfen, auf die wir lieber keinen Blick richten wollen. Ob sich der Mensch schützen muss, liegt an ihm selbst. Die meisten dieser Energien haben eine sehr niedrige Schwingung und können nur auf uns zugreifen, wenn wir im selben Resonanzfeld sind. Das bedeutet, wenn wir uns stetig mit diesen negativen Dingen beschäftigen, wenn wir Angst haben, wenn es eben ständig in unserem Sinn ist. Wenn wir jedoch ein gesundes Leben ohne Angst führen und bewusst durchs Leben gehen, wenn die Liebe und Positivität uns begleiten, können diese Energien auch nicht anhaften.

Wenn man sich sicherer fühlt durch ein Ritual, eine Schutzmeditation oder sonstige Vorkehrungen, so kann man das gerne für sich tun. Unsere Vorfahren haben diverse Dinge genutzt um die Dunkelheit vom Hause fern zu halten. Wir üben jetzt noch alte Traditionen aus um das zu tun. Der Fokus liegt dabei vielleicht nicht mehr auf dem ursprünglichen Beweggrund, sondern eher auf dem Spektakel – wenn wir beispielsweise an die Perchten denken – aber dennoch diente dies zur Abschreckung der negativen Wesen. An jeder Kirche und auch vielen Häusern finden wir Gargoyles, die ihren Dienst zum Schutze verrichten. Wir sollten schlichtweg unseren Fokus auf dem Lichte haben und nicht auf negativen Feldern. Das gilt für die dunklen Energien und generell für negative Gegebenheiten. Wenn wir aktiv etwas zu unserem Schutz unternehmen wollen, so können wir von Zeit zu Zeit eine Schutzmeditation machen. Wir können Erzengel Michael und seine Helfer immer in einem kleinen Nachtgebet zu uns rufen und ihn bitten uns in sein Licht zu hüllen und uns auf allen Ebenen zu beschützen. Wir können uns ein Amulett basteln mit einem Schutzsymbol unserer Wahl, immer mit der Absicht und Ausrichtung, dass es uns zum Schutze dienen soll. An dieser Stelle möchte ich anführen, bitte von der Wahl des Pentagramms abzusehen. Es war wohl in früheren Zeiten ein Schutzzeichen der Kelten, ist aber im Laufe der Jahrhunderte zweckentfremdet und bei schwarzmagischen Ritualen negativ belastet worden. Es gibt viele lichtvolle und heilsame Symbole, die man dafür nutzen kann, wie einen Engel, das kann nie verkehrt sein.

Das waren ein paar der Möglichkeiten wie man sich schützen kann. Doch grundsätzlich ist zu sagen – haltet euch fern von Negativem. Reinigt euer Gedankengut. Meidet Horrorfilme und bleibt in der Liebe, dann benötigt ihr nicht mehr Schutz als euch von Natur aus, gottgegeben ist.

Die Zukunft der Menschheit

Die Zukunft der Menschheit hängt vom Menschen ab und damit von seinem freien Willen. So, wie jeder Mensch sich im Leben entscheiden kann, seine Themen abzuarbeiten und zu erlösen, so kann sich die Menschheit auch entscheiden, wie sie in Zukunft leben will. Wenn wir uns die letzten drei Jahre auf der Erde ansehen, so wird deutlich, dass die Menschheit wieder an einem Scheidepunkt steht.

Wir kennen die Geschichten um Atlantis, um nur ein Beispiel zu nennen. Wir kennen außerdem die großen Sinfluten, die die Völker untergehen ließen, nicht nur zu Noahs Zeiten. Diese Untergänge waren jedoch so traumatisierend für Mensch, Tier, Land und Universum, dass sich so etwas niemals wiederholen sollte. Die Wandel in eine neue Zeit waren damit immer mit einem vorherigen totalen Untergang eingeläutet. Das wird nicht mehr geschehen.

Deswegen liegt die Zukunft jedes Einzelnen in seiner eigenen Hand. Die Zukunft ändert sich ständig mit der gelebten Gegenwart jeder Seele auf Erden. Du wählst sie selbst. Du bist der Gestalter, der Architekt deiner Zukunft, die sich jeden Tag ändern kann. Der Mensch ist jetzt dazu aufgerufen, seinen eigenen Wandel zu leben und kann sich anderen anschließen um Gemeinschaften zu bilden, wenn es für sie in dieselbe Lebensrichtung geht. Das Miteinander steht wieder an erster Stelle. Einzelkämpfer haben und hatten wir genug. Und in diesen Zusammenschlüssen, so möchte ich sagen, liegt das Potenzial, eine neue Welt, ein neues goldenes Zeitalter zu erschaffen, von dem so viele sprechen.

Ich spreche von Gemeinschaften und Zusammenschlüssen von Menschen, die beschließen, ihr Leben in gemeinsamen Lebensräumen zusammen zu bringen und sich zu verbinden. Jeder bringt seine Eigenschaften, sein Wissen und seine Talente und Fähigkeiten zum Wohle der anderen ein. Ein gegenseitiges Geben und Nehmen, welches auf Respekt und Achtung vor der Schöpfung und damit vor jedem einzelnen Leben aufbaut. Es ist ein Teilen und Empfangen um sich gegenseitig, ohne

Bevorteilung oder Bereicherung Einzelner, zu unterstützen. Der Weg führt also zurück zum *Wir*, weg vom *Ich*. Diese Lebensgemeinschaften gibt es bereits, doch werden es immer mehr. Die Menschen sehnen sich danach in solchen Gemeinschaften leben zu können und damit aus ihren unpersönlichen Mietwohnungen zu fliehen. Natürlich können wir ein *Wir* auch leben, wenn wir getrennt voneinander wohnen. Es kommt auf unsere Bereitschaft und unseren Einsatz an, wie wir uns einbringen wollen und können.

Die Zusammenkünfte der Räte der Sternenvölker, welche uns in der jetzigen Zeit unterstützen sind Gruppen von Abgesandten, die mit ihrer hohen Schwingung, mit der Liebe zum gesamten kosmischen Gefüge und unter Beachtung der kosmischen Schöpfungsgesetze zum Wohle der Menschheit dienen. Die Schleier zu den anderen Welten sind so dünn, dass diese lichten Wesen für manche Menschen schon sichtbar sind. Das mag utopisch klingen, doch wieviel ist bereits wahr geworden, wovon du dachtest es sei Utopie? Wenn man sich nur einmal ansieht, wie viele Kornkreise im letzten Sommer – in England fast täglich! – weltweit entdeckt wurden, gewinnt man einen Eindruck, wie präsent diese Wesen tatsächlich sind. Ein gewisses Maß an Ehrfurcht ergreift uns angesichts dieser Dinge. Doch dazu später mehr.

Wir entscheiden selbst, welcher Motor uns im Leben antreibt: die Angst oder die Liebe. In einer noch so lichtvollen Welt kann ein Mensch, den die Angst umtreibt, die Hölle erleben. Und in einer noch so schrecklichen, dunklen Welt kann ein Mensch, der in der Liebe ist, doch sein Paradies auf Erden erschaffen. Wir haben den freien Willen. Wir dürfen wählen, was wir uns kreieren. So liegt die Eigenverantwortung für unsere Zukunft bei uns selbst. In dem Maße wie wir Schöpfer sind, sind wir auch in der Lage unsere Zukunft zu gestalten.

Dennoch gibt es Kräfte aus den Intergalaktischen Räten, die im Zusammenschluss mit anderen lichten Wesen positiv einwirken. Wir haben also Hilfe. Diese Hochfrequenzen, die uns geschickt werden, dienen nur lichten Zwecken und in dem Maße, in dem sie verstärkt werden, weicht die Dunkelheit.

Einfluss vergangener Inkarnationen

Wir kennen alle den Begriff des Karma. Irgendwann, in irgendeinem Leben, haben wir uns alle negatives Karma aufgebürdet. Haben wir das in dieser Inkarnation nicht bereinigt, nehmen wir es mit. Da treffen wir also später in einem weiteren Leben diesen Menschen wieder, dem wir damals etwas angetan haben und erleben eine Begegnung, eine Beziehung oder gar ein Verwandtschaftsverhältnis, das schwierig ist, ohne zu verstehen, warum das eigentlich so ist.

Die Thematik mit den Eiden und Gelübden haben wir ebenfalls besprochen, auch diese bringen wir ja mit. Des Weiteren spielt es in unserem Leben oft eine Rolle, wenn wir misshandelt oder gar gefoltert wurden. So ist es durchaus möglich, dass in unseren Energiekörpern, in unserer Aura, noch diverse Gerätschaften „festhängen", mit welchen wir früher einmal gequält wurden. Da gibt es Ketten und Nägel oder auch Holzaufbauten und Pranger in die wir eingespannt wurden. Es ist wirklich erstaunlich, was wir so alles ansammeln im Laufe der Zeiten.

Ich würde die Aurachirurgen in die Gruppe der Geistheiler einordnen. Sie sind ausgebildete Heiler der Energiefelder, die einen Menschen umhüllen. Sie sehen oder spüren was der Mensch alles in seiner Aura herumträgt und können das behandeln. „Anhängsel" aus den früheren Leben wie Ketten, Nägel, Fesseln, aber auch das Messer im Rücken können energetisch noch vorhanden sein und im jetzigen Leben Beschwerden hervorrufen.

Aurachirurgen berühren den Menschen dabei nicht, sie arbeiten nur im Feld der Aura. Allerdings kann der Klient durchaus etwas spüren, wenn der Aurachirurg solche Dinge entfernt. Wir sehen hier anhand dieses Beispiels, dass die Behandlung eines Menschen zur Heilung von Beschwerden ein weit größeres Feld umfasst, als es die reine Symptombehandlung weitläufig erreichen könnte. Das geistige Heilen umfasst viele Wege, ob nun Aurachirurgie, Reiki, Heilströmen oder sonstige

Energiearbeit mit den Händen. Und dies umfasst nur die Behandlung der Krankheiten. Dazu kommt noch die Heilung der Gründe und Auflösung der dazu führenden Themen. Ein weiterer Punkt sind Tode, die wir erfahren haben. Jemand ist einmal ertrunken und hat im nächsten Leben panische Angst vor Wasser. Wir sind vergiftet worden und haben im Jetzt zu kämpfen, weil wir ein Krankheitsbild haben, dessen Ursache Vergiftung zugrunde hat. Das nennt man karmische Krankheiten. Wir sind durch Feuer gestorben und haben heute einen Ausschlag, der „wie Feuer brennt". Diese Dinge und Umstände zeigen sich nicht immer sofort. Wenn unser Energiesystem im Leben durch irgendetwas auf ein altes Erlebnis angestoßen wird, was natürlich ganz unbewusst wahrgenommen wird, kann es sein, dass es aufbricht und Auswirkungen zeigt. Wir sehen also, dass uns unsere vorherigen Inkarnationen durchaus im Jetzt beeinflussen und das auf ganz unbewusste, wie aber auch sehr eindrückliche und manchmal massive Art und Weise.

Mann und Frau

Dass Mann und Frau unterschiedlich sind, ist eine Binsenweisheit. Dennoch ist dieser Umstand hier eine nähere Betrachtung wert. Mann und Frau sind geschaffen um sich zu ergänzen und nicht, um sich zu bekämpfen. Wo es einen „Kampf der Geschlechter" gibt, da ist er menschengemacht. Im Weltlichen haben wir gelernt, dass das Leben von Trennung, Konkurrenzkampf und Leistung konditioniert ist. So ist es nicht verwunderlich, wenn sich der Mensch auch geschlechtlich in einen Kampf begibt. Beim Verlauten dieser Worte wird einmal mehr deutlich, wie unsinnig ein Geschlechterkampf ist. Wir können nicht ohne einander existieren. Das hohe Gut der Männlichkeit und der Weiblichkeit ergibt im Ausgleich die heilige Balance der Schöpfung. Es ist unabdingbar, dass dieses hohe Gut mit dem nötigen Respekt füreinander ausgeglichen ist und bleibt. Wenn wir endlich erkennen und verstehen, dass wir nicht in Konkurrenz zueinander gehen müssen, sondern in Kohärenz, hat jedweder Kampf ein Ende.

Die irdischen Zustände beweisen, dass in diesem Themenkomplex noch sehr viel Heilarbeit vonnöten ist. Die Vergangenheit hat enorme Wunden hinterlassen und so ist das kollektive Feld dazu noch lange nicht erlöst. Dies gilt sowohl für den Mann als auch für die Frau. Es darf eine Bewegung entstehen, die beide Geschlechter wieder einander zuführt und nicht auseinander drängt. Dazu muss man sagen, dass die Frau wieder lernen darf, ihre Weiblichkeit zu leben und der Mann seine Männlichkeit.

Dies soll keineswegs archaisch klingen oder sein, doch der Urgedanke dieser beiden Schöpfungsmodule ist in unserer zivilisierten Welt weitgehend verloren gegangen.

Jesus Christus und Maria Magdalena waren zu ihrer Zeit Pioniere im gelebten Mann/Frau-Sein. Sie lebten als Mann und Frau in einer geheilten Partnerschaft. Sie hatten ihre eigenen weiblichen und männlichen

Anteile in Heilung gebracht und liebten diese Anteile im anderen und in sich selbst.

Die Mütterlichkeit der Frau, ihr gebendes Wesen aus einer inneren Weisheit und Sanftmut heraus und die Fähigkeit mit Hingabe zu wirken sind einige der typisch weiblichen Eigenschaften. Der Mann hingegen steht für die Urkraft und das Väterliche, für die Aktion und das Handeln, aber auch für die Sicherheit. Wenn beide, Männer wie Frauen, in ihrer Kraft sind, kann Unglaubliches erschaffen werden. Hier ist zu betonen, dass die Heilung der männlichen und weiblichen Anteile eine Frage des Urgedankens ist. Es geht bei der Frau nicht darum, wie sie sich kleidet, genauso wenig wie bei dem Manne, ob er muskulös ist. Es geht um sehr viel mehr, um sehr viel Grundsätzlicheres und Tiefgründigeres. Es geht um den ursprünglichen Urgedanken der Schöpfung, welcher wiederum die Anbindung an sich selbst, zur inneren Essenz bedeutet. Wir kommen immer wieder darauf zurück, dass diese Verbindung ein zentrales Thema ist, wenn es darum geht, sich selbst zu entwickeln. Dabei gefällt mir das Wort entwickeln sehr gut, denn letztendlich geht es dabei darum, sich zu schälen und Unwesentliches wegzulassen.

Die Wege wie wir dorthin kommen, sind vielseitig. Manch einer macht es mit sich selbst aus und reflektiert jede seiner Handlungen. Andere wiederum können sich in Seminaren und Kursen – also in Gemeinschaft – fallen lassen.

Dabei geht es im Allgemeinen immer um das Erkennen und die Auflösung von Glaubenssätzen und Mustern. Es geht um Innere-Kind-Arbeit und um die Heilung der kollektiven Felder, gerade bei Männern und Frauen. Es geht um die Heilung der eigenen Urwunde, damit Urvertrauen wieder seinen Platz einnehmen kann. Es geht um die Betrachtung der Prägungen, die wir erfuhren und die womöglich nicht zu unserem Wohle sind. Letztendlich geht es um das Erkennen, wer wir wirklich sind.

Schlaf und Traum

Wenn wir schlafen geht die Seele nach Hause. Jede Nacht dockt sie wieder an der Quelle an und nährt sich. Dies tut sie, ohne die Verbindung zum Körper, die Silberschnur, zu verlieren. Es ist also anders als beim Sterben, wenn die Schnur getrennt, abgekoppelt wird. Hier braucht sie Helfer, weil sie sich endgültig für dieses Leben loslöst und in die Ebene des Jenseitigen heimkehrt. Die Nährung an der Quelle, von der ich hier spreche, ist etwas ganz anderes, ein anderes Gebiet, wenn man so will. Werden wir wach, dauert es eine winzige Nanosekunde und die Seele ist wieder im Körper. Die Silberschnur kann man als Nabelschnur der Seele bezeichnen. Nachts geht die Seele auf Reisen und bleibt dennoch immer verbunden mit der Inkarnationsgestalt. Stelle dir bitte die Silberschnur nicht wie eine Schnur, eine Kordel oder einen Strick vor. Vielmehr ist sie eine Art energetische Lichtschnur, einem Kabel vergleichbar, nur eben nicht materiell.

Die Seele muss weder den Weg in die geistige Heimat, noch den Weg zurück in den Körper suchen. Sie weiß genau, „wo es lang geht" – wenn man das so ausdrücken möchte. Es ist also nicht zu befürchten, dass sich die Seele verirren oder womöglich in einen falschen Körper einfahren könnte. Das ist absolut unmöglich. Wie ich schon sagte: Die Seele ist *wissend.*

Andersherum ist auch die Heimreise ins Licht, in die göttliche Intelligenz, nicht zu verfehlen. Die Seele kann nicht verloren gehen, sie findet immer ihre Heimat.

Wenn wir träumen zeigt uns unser Unterbewusstsein Dinge auf, die uns in der Tiefe sehr beschäftigen. Hier geht es um Dinge, die wir innerhalb von Wachstumsprozessen gerade bearbeiten. Auf ganz eigene Weise sendet es uns auch Botschaften zu bestimmten Themen.

Alles, was wir im Traum erleben, ist ein Anteil unseres Selbst. Auch wenn wir von Freunden, Partnern oder anderen Personen in unserem

Umfeld träumen, ist immer der Anteil in *uns* angesprochen, den wir in diesen anderen Menschen wiederfinden.
Jedoch gibt es auch die Träume, in welchen wir interdimensional reisen und nach dem Erwachen das Gefühl haben, wirklich dort gewesen zu sein. Im Traum können wir in andere Länder reisen oder auf andere Planeten. Das ist tatsächlich möglich und die Spirituellen unter uns wissen, dass wir energetisch in jedem Raum im Universum sein können, wenn wir möchten.
Interdimensional bedeutet so viel wie „zwischen den Dimensionen". Wir können uns also mit unserem Bewusstsein zwischen den Dimensionen bewegen, zu allen Orten im Universum und in alle Zeiten. Wäre dem nicht so, dann wäre ja eine geführte Meditation zu irgendeiner Seelenlandschaft oder einem Planeten oder auch eine Rückführung in frühere Leben, nicht möglich. Wir können mit unserem Bewusstsein also überall sein. Das kann man in wachem Zustand, als auch im Traum.
Ein Medium verbindet sich durch den eigenen Lichtkanal mit der geistigen Welt und ist damit mit einem Anteil seiner Energie in einer anderen Ebene.
Indigene Völker nutzen pflanzenbasierte Rauschmittel um ihr Bewusstsein zu erweitern und Visionen zu erlangen. Diese bewusstseinserweiternden Mittel haben auch in der westlichen Welt Einzug gehalten und sind geradezu modern geworden. Doch darf jeder selbst entscheiden, ob er sich darauf einlässt. Notwendig, um in andere Ebenen zu reisen, ist es nicht. Bei nicht achtsamem und unvorsichtigem Umgang kann der Mensch Schaden nehmen, deswegen ist die Einnahme solcher Substanzen nie unbedenklich.
Wenn der Mensch sein Bewusstsein erweitert und in andere Dimensionen reist, so bedeutet das nicht zwangsläufig, dass derjenige eine außerkörperliche Erfahrung macht. Eine sogenannte transpersonale Erfahrung – auch diese wird durch die Menschen angestrebt – ist im Grunde auch nichts anderes als ein anderer Bewusstseinszustand. Eine transpersonale Erfahrung ist eine außerkörperliche Reise. Geschieht das

im Wachzustand, etwa bei einer Meditation, erlebt der Reisende die Loslösung aus seinem Körper, sieht seinen Körper als Außenstehender und kann mit seinem Bewusstsein auf Reisen gehen. Bei sehr intensiven Erfahrungen ist das Zurückkommen in den Körper manchmal mit Symptomen wie einem Gefühl der Schwere verbunden. Das Bewusstsein muss erst wieder in die körperliche Begrenzung, in die grobstoffliche Daseinsform hinein. Das kann sich etwas eigenartig anfühlen.
Ich hatte weiter oben erwähnt, dass auch Geistführer uns im Traum erscheinen können, genauso wie andere Menschen, die uns eine Nachricht überbringen. Das ist ein Unterschied zu den hier genannten „gängigen" Träumen. Es gibt zahlreiche Berichte darüber, dass sich Menschen auf diese Weise verabschiedet haben. So träumt man etwa vom Großvater und zwei Tage später erreicht dich die Nachricht von seinem Tode.

Karma und Gerechtigkeit

Karma ist gerecht, denn die Schrecken, die wir selbst verbreitet haben, holen uns wieder ein. In diesem Zusammenhang könnte man also von „ausgleichender Gerechtigkeit" sprechen. Ungerechtigkeit ist für den Menschen nur schwer zu ertragen. Doch lass uns das von höherer Warte betrachten.

Du kommst auf die Erde und hast deinen Seelenplan dabei. Du hast dich entschieden, bestimmte Erfahrungen zu machen. Du hast beispielsweise einen sehr strengen, vielleicht gewalttätigen Vater, dessen Seele sich aus reiner Liebe zur Verfügung stellt, dir diese Erfahrung – so abwegig das auch klingt – zu bescheren. An dieser Stelle möchte ich erneut in aller Deutlichkeit betonen und daran erinnern, dass diese Tatsache die Leiden der Betroffenen in keiner Weise rechtfertigen oder schmälern soll. Vielmehr geht es darum, große Zusammenhänge von einer höheren Sichtposition aus zu betrachten und zu begreifen. Hier geht es einzig darum, hilfreiches und heilsames Wissen zu vermitteln.

Jede Seele plant die Erfahrungen, die sie im Irdischen machen möchte. Doch dazu benötigt sie natürlich ein Gegenüber. Ohne das Mitwirken einer anderen Seele könnte sie die Erfahrung nicht erleben. So etwas wie „schwarze Schafe", die immer die „Drecksarbeit" für uns erledigen, gibt es nicht. Ich entschuldige mich an dieser Stelle für diese Wortwahl, doch ist sie einfach treffend. Wir als Seelenfamilie planen also gemeinsam und sprechen uns darüber ab. In unserem Fallbeispiel vom gestrengen Vater übernimmt er die wenig rühmliche Aufgabe, seiner Tochter Leid zuzufügen. Dies tut er nicht etwa, weil die Seele Gewaltfantasien hätte, sondern weil er sich aus Liebe zur Verfügung stellt, um sowohl ihr als auch sich selbst diese Erfahrung zu ermöglichen. Die vermeintliche Krux dabei ist, dass er sich dadurch selbstverständlich negatives Karma auflädt. Dessen ist sich die Seele durchaus bewusst. Auch das ist geplant, weil er auch diese Erfahrung machen möchte. Das verdeutlicht, dass sich die Seelen tatsächlich im Klaren darüber sind, dass sie sich negatives Karma aufbürden. Eine Seele *weiß*, was sie tut! Das Negative gehört also ebenfalls zu unseren Inkarnationsplänen dazu und ist bewusst gewählt. Wie bereits gesagt, Seelen wollen es nicht einfach. Nicht ohne Grund steht die geistige Welt der Tapferkeit des Menschen mit größter Ehrfurcht gegenüber. Die Lichtwelt empfindet tiefstes Mitgefühl angesichts der mutigen Leidensbereitschaft des Menschen. Wir dürfen nie vergessen, dass der Mensch dies alles um seines Seelenwachstums willen, also aus Liebe, auf sich nimmt.

Die schier unfassbare Komplexität des Schöpfungsgefüges mag das Ganze mitunter recht verwirrend erscheinen lassen. Bei alledem, was wir uns auf die Liste schreiben an Erfahrungen, die wir sammeln wollen, bleibt die Lektion dabei doch immer: Was lerne ich daraus? Warum passiert mir das? Wie kann ich daraus wachsen? Wie gehe ich damit um? Ursache und Wirkung bilden das grundsätzliche Gefüge der kosmischen Ordnung. Irdische Ungerechtigkeit ist eine sowohl individuelle als auch eine kollektive Angelegenheit. Wir alle wissen, dass ganze Völker sie erleiden. Der Fokus der Heilung kann nur auf jedem Einzelnen liegen, doch dürfen und sollten auch die vielen kollektiven Felder Heilung erfahren.

Die innere Stimme

In jedem Menschen steckt das Gute und Herz und Seele wissen darum. Handeln wir nun gegensätzlich dazu, dann keimt ein Funke auf – das sogenannte Gewissen – und lässt uns zweifeln, ob es denn mit dem Guten in uns vereinbar wäre. Das Gewissen ist die innere Stimme, die dann ruft: „Hey, das ist jetzt nicht in Ordnung!".
Insofern ist das Gewissen keine anerzogene Instanz, sondern ein Impulsgeber, den wir schon innehaben. Dennoch trägt die Erziehung maßgeblich zu dessen Formung und Ausprägung bei. Es ist ein grundlegender Unterschied, ob ich meine Kinder zu geraden, klaren Menschen oder zu skrupellosen Zeitgenossen erziehe, die über die sprichwörtlichen Leichen gehen. So oder so wird es sich in ihrem erwachsenen Leben spiegeln. Bedauerlicherweise hören viele Menschen nicht auf ihre innere Stimme, sowohl im Guten als auch im weniger Guten. Doch gibt jeder immer sein Bestes und so werden wir das auch nicht bewerten. Nun, wie hört man auf seine innere Stimme? Indem man ihr vertraut und ihr folgt.
Es ist dieses Empfinden, wenn du bei einer Sache ein unterschwelliges seltsames Gefühl hast, welches dir sagt, dass hier etwas nicht stimmt. Es ist dieses Gefühl, das sich einstellt, wenn du aus dem Verstand heraus eine Entscheidung triffst, dabei deine innere Stimme übergehst und sich im Nachhinein herausstellt, dass du deiner Eingebung hättest folgen sollen. Selbstwahrnehmung ist hier das Schlagwort: Was fühlt sich gut an und was nicht? Wie könnte sich deine innere Stimme irren, wenn du sie doch hörst? Heißt das im Rückschluss, dass skrupellose Menschen ihre innere Stimme, die zum Guten mahnt, nicht wahrnehmen? Entweder sie nehmen sie nicht wahr oder sie beachten deren Weisung einfach nicht. Skrupellose, selbstsüchtige oder gar narzisstische Menschen haben keine Verbindung zu ihrem Herzen und zu ihrer Seele schon gar nicht. Das bedeutet, dass kein Denken und Handeln aus einem Liebesbewusstsein heraus gegeben ist. Diese Menschen sind von sich selbst so weit entfernt wie die Sterne. So kann dies die Lernaufgabe in einer Inkarnation sein.

Junge und alte Seelen

Zeit ist ein Phänomen der irdischen Welt, im Jenseits gibt es sie schlichtweg nicht. Zeit ist Illusion. Dennoch kann man im Irdischen einen Unterschied zwischen jungen, reifen oder alten Seelen definieren. Dies zeigt sich derart, dass alte Seelen schon viel mehr Inkarnationen erfahren haben, als junge Seelen.

Den Seelen geht es um Seelenwachstum. Junge Seelen werden in der Inkarnation andere Erfahrungen wählen als alte Seelen, denn diese kommen bereits mit einem gewissen Erfahrungsschatz wieder. Eine junge Seele hat andere Themen als reife oder alte Seelen. Man könnte den Unterschied so beschreiben, dass alte Seelen schon eine gewisse Weisheit mitbringen, die in einem tiefen inneren Wissen eingebettet ist. Junge Seelen dürfen erst noch die Erfahrungen machen, die zu diesem Wissen und der Weisheit führen. So findet eine alte Seele beispielsweise recht rasch im Leben zur Spiritualität. Die Seele hat in vielen Leben schon die Verbindung zur geistigen Welt erlebt, geübt und praktiziert. Geistigspirituelle Lehrer oder Heiler sind somit bereits in einer Weise geschult, die ihnen den erneuten Zugang zu ihren Fähigkeiten und Lebensaufgaben erleichtert. Alte Seelen sind Menschen, die unglaublichen Tiefgang haben. Sie handeln aus einem inneren Wissen voller Weisheit heraus. Sie wählen oft die Einsamkeit, sind es aber nicht. Ihre Themen sind die grundsätzlichen Themen der Menschheit, die großen Lebensfragen, sowie die Sehnsucht nach der Rückkehr in die andere Ebene. Sie verstehen was es bedeutet, aus der allumfassenden Liebe heraus zu leben und zu sein. Eine alte Seele in Vollendung war zweifelsohne Jesus Christus.

Junge Seelen sind hingegen mehr mit weltlichen Dingen beschäftigt und leben eine gewisse Oberflächlichkeit, die sie mehr an materiellen Werten hängen lässt. Dinge wie gutes Aussehen und Körperlichkeit sind ihnen wichtiger als einer alten Seele, die eher innere Werte und Tiefgang anstrebt. Themen junger Seelen sind die Angst vor Wertlosigkeit, die

Sorge um die Anerkennung im Außen oder auch die Abhängigkeit von anderen und deren Meinung über sie, um nur einige Aspekte zu nennen. Diese Beispiele sind keineswegs wertend zu verstehen. Eine junge Seele hat, im Gegensatz zur alten Seele, einfach noch einen weiten Inkarnationsweg mit anderen Erfahrungen vor sich. Eine alte Seele kann so ihre Schwierigkeiten im Umgang mit einer jungen Seele haben. Letztlich ist der Umgang miteinander eine Herausforderung für beide. Dies liegt in der Natur der Sache. Der Unterschied dabei ist jedoch, dass die alte Seele darum weiß. So dürfte es ihr leichter fallen, Güte und Verständnis zu zeigen und friedvoller zu reagieren.

Gnade und Demut

Gnade ist etwas so Seltenes wie Kostbares. Sie wird oft verwechselt mit Barmherzigkeit, Großherzigkeit oder Vergebung. In früheren Zeiten sprach man davon, dass Könige oder Herrscher Gnade zeigten. Doch – und es tut mir leid, dass ich das sagen muss – ging damit manchmal Selbstgefälligkeit einher. Der Herrscher zeigte damit allenfalls eine Gunst, Güte oder eben Barmherzigkeit. Doch wirkliche Gnade ist etwas Überirdisches. Sie kann nicht durch den Menschen gegeben werden. Gnade ist gottgegeben.

Als Beispiel nehmen wir einen Heiler, der mit seinen Händen die göttliche, universelle Energie fließen lässt, die bei seinen Behandlungen zur Heilung führt. Die göttliche, universelle Energie ist die Kraft, die Heiler durch ihre Hände fließen lassen können um andere zu behandeln und gegebenenfalls zu heilen. Hier wird die Energie aus dem Licht gebündelt und übertragen. Im Bewusstsein der Liebe dient der Heiler als Kanal. So wie ein Medium Botschaften und Durchsagen durch sich fließen lässt, so fließt die Heilenergie durch den Heiler in den Patienten. Jesus Christus hat auf dieselbe Weise geheilt. Er hat Energie aus dem Universum aufgenommen. Mit der Absicht des Heilens und mit seiner Herzensliebe hat er diese an den Patienten abgegeben.

Dies ist für den Heiler eine Gnade, er bekommt das Geschenk, als Kanal für das heilende Licht dienen zu dürfen. Leider wird dies oft verwechselt und man spricht von einer Gabe des Heilers. Tatsächlich jedoch ist es die gottgeschenkte Gnade, dies tun zu dürfen. Gnade führt den Menschen in die Demut und wenn man sie erfährt, ist man ganz nahe an Gott. Demut ist das wunderbare, vollständige Erleben der göttlichen Allmacht. Wohl jeder hat in seinem Leben schon einmal Demut empfunden, sei es in atemberaubender Natur, in tiefen Meditationserlebnissen oder bei der Geburt eines Kindes. Demut ist ein sehr tiefes Gefühl, ein Verneigen vor der Schöpfung. Wer je sein Haupt in Demut neigte, der weiß, dass dies keinesfalls ein Akt der Unterwerfung ist und das sollte es auch nicht sein. Vielmehr ist es das Erleben und Erfahren der Schöpfungsmacht in den Tiefen des Herzens, welches gleichermaßen berührend wie ergreifend ist. Das Empfinden von Demut ist manchmal so erhebend, dass es uns buchstäblich die Sprache verschlägt. Es sind die Augenblicke im Leben, die uns niederknien lassen, um unseren Respekt, unser Staunen oder unsere Verbundenheit auszudrücken. Ein Moment, in dem es keine Worte mehr gibt.

Verstand und Ego

Ego und Verstand sind zwei verschiedene Aspekte. Es gibt jeweils einen bewussten und einen unbewussten Teil davon. Der bewusste Verstand ist das denkende Bewusstsein. Er ist der logische Denker, der uns Dinge erklärt, die wir wahrnehmen. So sehen wir mit den Augen, jedoch sagt uns unser Gehirn, was wir sehen. Dabei schöpft der bewusste Verstand immer aus der Erfahrung oder rational aus dem, was er gelernt hat. Er ist insofern begrenzt, als er in einer gewissen Zeit immer nur gewisse Gedankeneinheiten in seiner Konzentration erfassen kann. Bei Dingen, die er nicht kennt und nicht erklären kann bleibt der bewusste Verstand auf der Strecke. Dies bedeutet, dass der Mensch entweder die Wahrnehmung dazu ablehnt oder aber, dass er glaubt. Soweit also zur Funktionsweise des bewussten Verstandes.

Der unbewusste Verstand kann in geringerer Zeit und erheblich größerer Geschwindigkeit viel mehr erfassen als der bewusste Verstand. Er hat eine größere Kapazität. Er greift, ohne dass wir uns dessen im Tagesbewusstsein bewusst sind und weiß um unsere Erinnerungen, Glaubensmuster und Programmierungen, die sich unserem Bewusstsein zumeist entziehen. Der unbewusste Verstand ermöglicht es uns, mehrere Dinge gleichzeitig zu tun, ohne dass wir uns darauf konzentrieren müssten. So können wir Autofahren, der Musik im Autoradio lauschen und uns noch mit dem Beifahrer unterhalten. Wenn wir beim Beispiel der Autofahrt bleiben, so können wir, wenn wir alleine unterwegs sind, gleichzeitig mit unserem bewussten Verstand nachdenken. Dies verdanken wir dem unbewussten Verstand. Er hebt uns die Dinge ins Bewusstsein, die wir unbewusst wahrnehmen. Etwa 95% unserer Wahrnehmung verläuft unbewusst. So ist es also nicht möglich, nicht wahrzunehmen.

Das bewusste Ego bauen wir uns auf im Laufe unseres Heranwachsens. Wir werden geprägt von unseren Eltern und deren Weltbild, von deren Motiven und deren Moral. Dazu packen wir dann noch unsere

Programmierungen und unsere Glaubenssätze. Aufgrund dessen erschaffen wir ein inneres Selbstbild. Dieses Selbstbild nimmt Einfluss auf unsere Gefühle und unser Leben und lenkt uns mehr, als wir uns das je vorstellen können.

Das bewusste Ego ist also ein selbst geschaffenes Gebilde, dem wir das Recht zugestehen, uns zu beeinflussen. Würden wir bei klarem Verstand irgendjemandem erlauben, uns ständig zu sticheln und zu manipulieren? Wohl kaum. Doch genau das macht das Ego, indem es uns Unzulänglichkeiten vorgaukelt. So hält uns das Ego klein und in der Opferrolle. Es vermittelt uns, nicht gut genug zu sein. Der Begriff Egoist – dies verdient an dieser Stelle Erwähnung – bedeutet nichts anderes als Eigennützigkeit. Selbstverständlich gibt es in der Ausprägung der Eigennützigkeit verschiedene Stufen, eben eine Licht- und eine Schattenseite. Handelt der Mensch ausschließlich selbstsüchtig und rücksichtslos, dann lebt er die Schattenseite. Auf der Lichtseite kümmert er sich einfach gut um seine Bedürfnisse. Selbstfürsorge wird oftmals mit Egoismus verwechselt und diesem Begriff an sich haftet schon ein gewisses Vorurteil an.

Das unbewusste Ego ist schließlich das, womit wir uns identifizieren. Es hat – wie der unbewusste Verstand – viel mehr Spielraum als das bewusste Ego. Es weiß nicht nur um unsere Programmierungen und Glaubensmuster, sondern auch um unsere karmischen Themen. Das unbewusste Ego spielt uns vor, was wir glauben sein zu müssen, es vermeidet Bewusstsein, denn dann wäre es überflüssig. Es spricht nicht aus dem Herzen und liebt schnelle Bedürfnisbefriedigung. Nimmt das unbewusste Ego einen großen Einfluss auf den Menschen, dann ist dieser von sich selbst sehr weit entfernt. Ein solcherlei geplagter Mensch fühlt mehr innere Leere als Selbstannahme. Aus diesem Umstand heraus, ist dieser Mensch überaus empfindlich, nimmt alles persönlich, will die Kontrolle behalten, hat ständig das Gefühl sich verteidigen zu müssen und handelt aus niederen Beweggründen. Er braucht Bildung, Geld und Besitz und hat ständig das Gefühl anderen etwas beweisen zu müssen. Dieser Mensch ist nie „echt“. Er trägt eine Maske. Das unbewusste Ego steuert uns also in dem Sinne, dass es uns glauben macht, dass Besitz unseren Wert definiert. Wir brauchen dann ständig etwas oder jemanden, der uns eine Identifikation ermöglicht. Wir definieren uns also über das Außen und das nährt dieses Ego.

Welche Aufgaben haben nun die Menschen mit dem Ego? Es geht um Erkenntnis. Ein Mensch, der das Ego als solches in seinem Wesen und seinem Wirken erkennt, hat es sozusagen entdeckt, aufgedeckt und entblößt. So erlangt er die Macht der Selbstbestimmung wieder zurück. Es ist ein weiter Weg von der Entdeckung des Ego bis zur völlig integren Selbstbestimmung, denn wie oben erwähnt, spielen dabei auch unsere karmischen Egokämpfe eine Rolle. Letztendlich lernen wir dabei, dem Ego die Aufmerksamkeit zu entziehen und dies schwächt das Ego am nachhaltigsten.

Selbstverständlich tappen wir im Laufe der Zeit immer wieder in Fallen und geraten in die Fänge des Ego. Ein Mensch, der aufgrund seines Erkenntnisstandes begreift, was das Ego bewirkt und wie es ihn lenkt, der wird weiter an sich arbeiten. Er wird seine Prozesse betrachten und wie ein Architekt ans Werk gehen, mutig und in Selbstfürsorge. Er wird Schritt für Schritt Dinge auflösen, erlösen und in Heilung bringen. Und dies tut er für sich selbst, für seine Ahnenlinie, seine Familie und für die Welt.

Je nachdem, wie weit der Mensch die karmischen Verstrickungen bezüglich seiner vergangenen Egokämpfe in der jetzigen Inkarnation auflösen kann, wird ihm das in der nächsten Wiedergeburt zugutekommen, denn hat er es doch geschafft, Ballast abzuwerfen. Er wird sich also bei der erneuten Begegnung mit dem jeweiligen Gegenüber nicht mehr mit ihm auf Egokämpfe einlassen.

Des Menschen Aufgabe mit dem Ego ist es also, es als solches zu erkennen und zu verstehen, dass es zwar weit- und tiefreichend greift, aber letztlich doch ein Illusionsgebäude ist.

Die Lernaufgabe besteht in der Wiedererlangung der Selbstbestimmung, im Gleichklang mit Bewusstheit über sein Handeln und Sein. Das Ego wird alles daransetzen um eine bewusste moralische und persönliche Entwicklung des Menschen zu verhindern. Dies würde ja bedeuten, dass es Macht hergeben würde. Ein Mensch, der seine eigene, entwickelte Moral lebt – nicht die von den Eltern anerzogene – und seine persönliche Entwicklung anstrebt, beraubt das Ego seiner Macht. Man kann also sagen, persönliche Entwicklung und eine positive, in der Liebe gebettete Moral, sind ein Feind des Ego.

Göttliche Ordnung und göttlicher Plan

Man ist geneigt zu fragen, wozu das alles? Wozu erleben Seelen immer und immer wieder schmerzvolle Erfahrungen? Nun, Seelen wollen es so. Die alles entscheidende und unwiderstehliche Motivation liegt im Seelenwachstum und damit im Integrieren des Christusbewusstseins ins Leben.

Die Schöpfung hat die grundlegende Basis dazu gelegt, den Grundstein sozusagen: die Liebe. Alle Handlungen in den lichten Ebenen sind ausnahmslos aus der Liebe heraus begründet. Etwas anderes ist nicht möglich. Ist das nicht wundervoll?

Um den Seelen das Wachstum zu ermöglichen hat die Schöpfung, die alles was ist gleichermaßen liebt und die in allem was ist gleichermaßen lebt, dieses Inkarnationsgefüge geschaffen.

So ist der göttliche Plan so gezeichnet, dass diese Inkarnationszyklen solange andauern, bis es kein Leid und kein Leiden mehr gibt. Für *keine* Seele auf Erden. Das bedeutet, dass die Seelen solange wachsen, bis sie darüber hinausgewachsen sind, und zwar *alle*. Das ist die absolute Entwicklung und bedeutet einen schier unvorstellbaren Anstieg an Liebesbewusstsein. Stell dir das nur einmal vor! Es ist sozusagen der ultimative Aufstieg *aller*.

Vielleicht bekommst du nun eine Vorstellung davon, warum es in den lichten Ebenen keine Zeit gibt. Hätte der göttliche Plan einen inkludierten Zeitplan, so würde ja Gott einen Terminkalender vorgeben. An dieser Stelle sei an den freien Willen des Menschen erinnert. Da wir wissen, dass Gott und die lichten Wesen niemals auf die Vorgänge in unseren Leben eingreifen würden, wäre ein solcher Zeitplan so nutz- wie sinnlos. Überdies stände ein derartiger Übergriff im Widerspruch zur Liebe selbst. Somit ist dies völlig unmöglich.

Niemals würde uns ein Lichter unter Druck setzen und dadurch in unsere Entscheidungen eingreifen. Das widerspräche der göttlichen Ordnung. In diesem Falle würde die geistige Welt tätig werden.
Die göttliche Ordnung wurde aufgrund des göttlichen Planes festgeschrieben. Trotzdem gibt es kein göttliches Gesetzbuch, wie man es sich vielleicht vorstellen könnte. Dennoch sind die Dinge „geregelt", wenn ich das so bezeichnen kann.
Im Einzelnen kann ich diese Ordnung nicht rezitieren. Grundsätzlich kann ich jedoch sagen, dass jedwede Tat oder jedweder Gedanke, die nicht in Liebe begründet sind, die manipulativ oder übergriffig sind, nicht der göttlichen Ordnung entsprechen. Alles, das gegen den ursprünglichen Schöpfungsgedanken verstößt, entspricht nicht der Ordnung.
Alles ist in der Liebe als unabdingbare Allmacht im Universum begründet. Handelt jemand dessen gegensätzlich, kann es nicht der göttlichen Ordnung entsprechen. Liebe ist also das einzige Gesetz, welches hier bindend ist.
Die göttliche Ordnung ist somit ein bindendes Dienwerk für jedes lichte Wesen, jede Entität und jede Seele, denn sie hat einzig und allein das Ansinnen, das Liebesbewusstsein in seiner Gänze zu erhalten. Sie ist ein Bollwerk für das gesamte Universum, mit und für all seine Bewohner.

Höheres Selbst und Göttliches Selbst

Das Höhere Selbst ist der reinste und klarste Teil von uns selbst. Es ist unser Über-Ich, so könnte man sagen. Das Höhere Selbst ist unsere reine Blaupause, ohne Ego und ohne unseren vollgepackten Reisekoffer. Unser Höheres Selbst hat – wie der Name schon sagt – den Blick aus einer höher gelegenen Warte und wenn wir mit ihm in Kontakt kommen können, dann können wir auch mit ihm kommunizieren. Unser Höheres Selbst ist also ein höheres Bewusstsein unseres Selbst, welches aus einem höheren Blickwinkel auf unsere Persönlichkeitsstruktur, unsere Möglichkeiten und Ressourcen blicken kann. Treten wir in Kontakt mit ihm, so können wir Antworten erhalten. Es ist mit einer Klarheit gesegnet, wie wir sie uns nicht besser und schöner wünschen können. Über Meditationen und mit Übung gelingt es uns, Zugang zum Höheren Selbst zu finden. Das Höhere Selbst ist nicht inkarnationsübergreifend, da es an unsere jeweils jetzige Persönlichkeit gekoppelt ist. Es spiegelt unsere Persönlichkeitsstruktur.

Es bedarf keiner Verbindung mit der geistigen Welt um mit dem Höheren Selbst in Kontakt zu treten. Auch kann es unsere Rollenübernahmen erfassen und klar definieren. Wo uns selbst manchmal Klarheit fehlt – man sieht den Wald vor lauter Bäumen nicht – da hat das Höhere Selbst den Überblick. Dies verschafft ihm die Möglichkeit der klaren Differenzierung, ohne uns selbst zu bewerten. Das Höhere Selbst ist sozusagen unser hauseigener Empath. Mit dem Höheren Selbst in Kommunikation zu treten scheint den Menschen meist deshalb erstrebenswert, weil sie glauben, sie docken an ihre Seele an. Dem ist jedoch nicht so. Das Höhere Selbst kennt unsere persönlichen Muster und Rollenübernahmen, nicht aber Seelenplan oder Seelenaufgabe.

In der spirituellen, irdischen Welt wird das Höhere Selbst gerne mit dem Göttlichen Selbst verwechselt. Hier handelt es sich jedoch um zwei ganz unterschiedliche Aspekte. Während das Höhere Selbst der reinste

Teil unserer Persönlichkeit ist und auch nur darauf zugreifen kann, ist das Göttliche Selbst der Anteil in uns, der um all die Vorgänge unserer Seelenstruktur weiß. Es weiß also um Seelenpläne, Seelenanteile, Abspaltungen und Aufgaben. Das Göttliche Selbst ist gewissermaßen der „Vorhof zur Seele" und nur über ihn können wir im Irdischen unsere Seele erreichen. Das Göttliche Selbst ist sozusagen die Blaupause der Seele. Es ist das Pendant zum Höheren Selbst. Das Höhere Selbst gehört zur Persönlichkeitsstruktur während das Göttliche Selbst der Seelenstruktur zuzuordnen ist.

Den Kontakt zum Göttlichen Selbst zu finden, ist in der Tat nicht so einfach. Es bedeutet, den Zugang zum reinen göttlichen Kern zu haben. Unser Verstand, unser Ego und nicht zuletzt unser Gepäck vereiteln diesen ungehinderten Zugang. Im Rückschluss sagt uns dies aber ebenso, dass wir nimmer müde werden sollten im Bestreben, unser Gepäck zu erleichtern und unsere Themen zu bearbeiten und zu erlösen.

Persönliche Seelenaufgabe

Zu den vielen Lernaufgaben, die sich eine Seele erwählt, bestimmt sie sich auch eine Seelenaufgabe. Wir sprechen dann von Berufung oder Seelenauftrag. Diese Seelenaufgaben werden selbstverständlich in der Definition abgestimmt zu unseren Lernaufgaben, denn sie müssen damit in Kohärenz sein. Alles andere wäre ebenso wenig sinnvoll wie zielführend.

Es verhält sich oft so, dass eine Seele eine Lernaufgabe durchlebt und erlöst und dann ihren Seelenauftrag erkennt, der darin besteht, Menschen bei ebensolchen Lernaufgaben zu unterstützen oder heilend zu wirken. Seelenaufträge sind also Aufgaben wie heilen und lehren, bei Mensch, Tier, Pflanze oder Planet und zwar in unterschiedlichster Art und Weise. Die Spirituellen unter uns sind getrieben von der Frage, welche Aufgabe sie mitgebracht haben und es ist ihnen ein großer Wunsch, dies aufzudecken, zu erkennen und auch zu leben. Wir spüren sehr deutlich, dass uns das Leben der Seelenaufgabe Erfüllung bringt. Ich spreche hier wohlgemerkt von seelischer Erfüllung und nicht von materieller. Das Ausüben unserer Berufung nährt uns und ist mit der täglichen Arbeit zum reinen Broterwerb nicht zu vergleichen. In eher wenigen Fällen, so möchte ich behaupten, hat der Mensch eine Arbeit erwählt, die ihn erfüllt und nur selten erkennt er darin seine Seelenaufgabe. Gelingt es uns zu ergründen welche Seelenaufgabe wir haben, sind wir uns selbst ein großes Stück nähergekommen. Dies bedeutet und zeigt, dass wir die ein oder andere Lernaufgabe bereits erfolgreich hinter uns gelassen haben.

Die Seelenaufgabe ist inkarnationsübergreifend: einmal Heiler, immer Heiler sozusagen. Wir können uns an unser gelebtes Wissen als Heiler in vorangegangenen Inkarnationen nicht mehr erinnern und fangen wieder von vorne an. Das mag bedauerlich erscheinen, dennoch ist es zumeist so, dass eine Seele, die einmal Heiler war, sich immer zu medizinischen Themen hingezogen fühlen und sich mit Krankheit und Gesundheit in irgendeiner Form beschäftigen wird. So verhält es sich auch bei spirituellen Lehrern. Auch sie werden den tiefen, drängenden Herzenswunsch des Lehrens aus ihrem Inneren heraus spüren. Wenn eine Seele ihre Seelenaufgabe auf Erden erfüllt hat, wird sie die Erde verlassen. Das kann in jedem Alter geschehen, also auch in jungen Jahren.

Numerologie und Astrologie

Die Numerologie ist eine großartige, spannende Technik, mit der man für sich herausfinden kann – ähnlich wie bei der Astrologie – wie man strukturiert ist. Sie kann hilfreich sein, wenn es darum geht zu erkunden, welche Talente man hat, welche Aufgaben und Eigenschaften. So ist die Numerologie gewissermaßen ein Horoskop der Zahlen.

Das kosmische Gefüge ist regelrecht atemberaubend in seiner Komplexität, das sagten wir bereits. Nehmen wir nur einmal die Heilige Geometrie. Was für eine Wissenschaft! Die Numerologie ist für uns eine weitere Möglichkeit, hinter die Geheimnisse des Universums und der Menschheit zu blicken. Jeder Mensch ist anders beschaffen und so findet ein jeder die Zugänge zu den Mysterien, die seiner individuellen Persönlichkeitsstruktur am ehesten entsprechen. Ein Mensch, der mit Zahlen gut umgehen kann, wird sich in der Numerologie zuhause fühlen. Eine Person, die die Natur liebt, wird sich hingegen eher der schamanischen Naturreligion anschließen. Die Spiritualität hat unendlich viele Facetten, sie bietet einen unerschöpflichen Reichtum an Möglichkeiten, doch sollten wir keine als absolut betrachten.

Der Mensch, so er sich einmal auf den Weg gemacht hat seine eigenen und die universellen Mysterien zu erforschen, ist immer bestrebt, mehr über sich selbst zu erfahren. Nun gibt es verschiedene Möglichkeiten der Selbsterfahrung und Selbstreflektion. Man kann sich die Karten legen lassen, einen Lebensberater oder Therapeuten konsultieren oder aber ein persönliches Horoskop in Auftrag geben.

Die Astrologie ist heute für jedermann ein Begriff. Es ist wissenschaftlich erwiesen – und das wussten bereits die Völker in der Antike – dass Planetenkonstellationen auf unser tägliches Leben Einfluss nehmen können. Das Wissen um die Tierkreiszeichen und deren typische Charaktereigenschaften ist in aller Munde und viele Menschen haben ein tägliches Auge auf die Horoskope. Doch die Astrologie geht viel weiter. Man kann

allerlei Wissenswertes über sich erfahren. Da werden Mondknoten und Lebensphasen verglichen, Aszendenten und Sternbilder geprüft, die uns verraten, welches Potenzial in uns liegt und wann wir darauf zugreifen können. Wir erfahren, welche Charaktereigenschaften oder welche Elemente in uns liegen und können uns daran orientieren. Wir finden Lebensaufgaben und Lebensziele darin und vieles mehr. Ein persönliches Horoskop ist sehr umfang- und aufschlussreich und mit Sicherheit finden wir übereinstimmende Parallelen zu unserem gelebten Leben.
Bei der Numerologie verhält es sich im Grunde gleich, wenn auch mit einer anderen Vorgehensweise. Der Numerologe wird unsere Daten, wie die Geburtszahlen dafür zugrunde legen, doch werden unsere Namen ebenfalls berücksichtigt. Für jeden Buchstaben steht eine Zahl und so liefert unser Name die entsprechenden Werte, die der Erstellung eines solchen Profils zugrunde liegen. Jede Zahl hat eine gewisse Bedeutung. So steht die Zahl 7 für Weisheit und Spiritualität. Die 7 enthüllt uns, dass der Mensch gerne liest, nach Erfahrung strebt und somit höchstes Entwicklungspotenzial aufweist. Zahlen sind im Universum unendlich tragende und wichtige Anker.
Das Universum besteht aus Zahlen, Geometrie und Klang. Keine Worte könnten das gesamte kosmische Gefüge jemals besser abbilden, als es diese drei Säulen tun. Alles ist miteinander verbunden und verwoben. Wir finden Zahlen sowohl in der Heiligen Geometrie als auch in der Astrologie. In der gesamten Schöpfung sehen wir wiederkehrende Zeitzyklen: Vier Wochen, 12 Tierkreiszeichen, die Zahl Phi φ, die Fibonacci-Zahlen, die sich auch in der Natur wiederfinden und für Biologen und Physiker interessant sind und viele mehr. Wir sehen also, wie alles miteinander verwoben ist und ineinander greift. All diese Geschenke dürfen wir nutzen, um uns selbst besser zu erklären und zu verstehen.

Naturgeister

Naturgeister sind die Wesen, die in der Natur zuhause sind. Wir sollten uns immer mit Bedacht und auf unsere Schritte achtend in der Natur bewegen. Wir kennen Baumgeister, Gnome, Sylphen, Undinen, Elfen und Feen, Zwerge, Trolle, Kobolde und viele mehr. Das mag wie ein Märchen klingen und doch sind sie real.

In früheren Zeiten waren diese Wesenheiten sichtbarer. Mit fortschreitender Zivilisation und empfindlichen Eingriffen in die Natur haben sie sich zurückgezogen. Ist man jedoch achtsam unterwegs, geht leise voran und spitzt die Ohren, kann man sie manchmal erhaschen. Macht man ein Landschaftsfoto und sieht dieses Bild ganz genau an, kann man mitunter das ein oder andere Wesen erblicken.

Es liegt ganz bei uns, ob wir diese Wesen wieder vermehrt in unser Leben ziehen wollen. Alleine das Bewusstsein, dass es sie gibt, sie zu achten und zu lieben und vielleicht manches Mal ein kleines Stück Apfel oder ein Stückchen Schokolade für sie im Wald zu hinterlassen, ist für ein gemeinsames Teilen der Welt zuträglich.

Sogar in unseren Gärten fühlen sie sich zuhause und können förderlich auf unsere Blumen und unser Gemüse einwirken. Sie sind hervorragende Gärtner und ich brauche wohl nicht zu erwähnen, dass eine positive Energie für das Wachstum unserer pflanzlichen Schützlinge immer förderlich ist. Naturgeister wissen alles über die Flora und sind die Gärtner der Natur. Sie sind mit den Elementen sehr verbunden. So sind die Undinen Wassernaturgeister, die Gnome die Erdnaturgeister und die Sylphen die Luftgeister. Naturgeister sind ein wesentlicher Bestandteil der Schöpfung und der Mensch darf verstehen, dass sie genauso wie er selbst zum ewigen Kreislauf des Lebens gehören. Wir können den Kontakt zu den Wesenheiten in der Natur wieder aufleben lassen. Dazu dürfen wir viel, viel Zeit draußen verbringen und mit der nötigen Achtsamkeit und Liebe in die Natur gehen. Sie sind Meister im Verstecken, doch manches Mal erhaschen wir im Augenwinkel eine Bewegung.

Von den Farben

Die Schöpfung malt in bunt, sehen wir uns nur die wundervolle Farbenvielfalt der Natur an. Wir dürfen unser Leben also so sehen, wie es ist: bunt! Die Bedeutung der Farben ist für den Menschen nicht ohne Einfluss. Wenn wir uns auch nicht bewusst damit beschäftigen, so wählen wir doch unsere Farben in Kleidung, Wohnräumen oder auch den Blumen in Haus und Garten. Eine Farbwahl ist kein Zufall und sei sie noch so beiläufig. Unbewusst nehmen wir die Energie und Eigenschaft auf, welche die Farbe ausstrahlt. Farben sind lebenswichtig. Wird der Mensch ohne andere Farben zu sehen über längere Zeit in einen grauen Raum gesperrt, wird er psychisch krank.
Erdtöne wie Orange, Braun, dunkles Rot oder Ocker wirken sehr beruhigend, ausgleichend und schaffen Gemütlichkeit, während Hellrot anregend, belebend und aktivierend wirkt. Hat man gerade etwas für eine Prüfung zu lernen, kann die Farbe Gelb unterstützen. Gelb schärft den Intellekt und den Verstand und bringt zudem gute Laune. Blau steht für Treue, Entspannung, Sehnsucht, Sanftmut und auch Vertrauen. Die Farbe Grün bringt Kreativität, Fruchtbarkeit, Hoffnung, Wachstum und Freiheit mit sich.
Wählen wir eine bestimmte Farbe für unseren Wohnraum, dann entscheiden wir uns instinktiv für eine Farbe, dessen energetische Eigenschaft förderlich ist. Viele Menschen gestalten ihre Wohnräume nach der chinesischen Harmonielehre Feng Shui und wählen ganz bewusst die Farben, die laut dieser Lehre für ihre Wohnräume die energetisch zuträglichsten sind.
Gold ist das höchstschwingendste Metall der Welt und deswegen wundert es kaum, dass sich die Herrscher der Antike mit Gold geradezu überschüttet haben. Denken wir nur an die Pharaonenmasken in Ägypten oder die üppigen Amulette der Inka und Maya. Sie wussten um die schwingungsanhebende Wirkung von Gold. So kann auch die Farbe Gold ihre unterstützende Wirkung dazu ausbreiten.

Die Farbe Weiß steht für die absolute Reinheit, für Erleuchtung, Wissen und Weisheit. Aus diesem Grunde kleiden sich spirituelle Menschen – zumindest bei besonderen Anlässen – gerne in Weiß. Schwarz ist eine Farbe des Formlosen. Auffällig ist, dass besonders junge Menschen sich gerne schwarz kleiden, weil sie sich nicht zeigen mögen. Vor allem in der Pubertät, die eine Zeit tiefster Verunsicherung ist, ist dies oftmals zu beobachten.

3. Teil

Irdisches, Menschliches und Materielles

„Vom Leben muss man wie vom Mahle fortspazieren,
dem Wirte danken und sein Bündel schnüren.“

Voltaire

Sexualität

Die Sexualität ist etwas Heiliges. Schließlich erfahren sich zwei Menschen in einer Nähe, in einer Verschmelzung ineinander, wie es ansonsten körperlich nicht möglich ist. Dabei entsteht eine Energie, die unglaubliches Potenzial birgt. Wenn zwei Liebende sich erfahren, die im vollen Bewusstsein ihres Seins und ihrer Spiritualität sind, wenn sie ihre weiblichen und männlichen Anteile im Einklang haben, kommt diese Vereinigung einer alchemistischen Hochzeit gleich. Dann geschieht wahrhaft Großartiges, eine Vereinigung von Göttern. Aus dieser Verschmelzung heraus erwachsen Kreativität, die Lust am Leben und die Freude am Sein. Hier spiegelt sich die Vollkommenheit in der Unvollkommenheit. Das ist das Prinzip der Sexualität.

Die Krux dabei ist, dass wir sie nur im Irdischen erfahren können. In der jenseitigen Ebene gibt es keine Entsprechung zur Sexualität. Jede Seele hier ist universelle Liebe. Was sollte man hier also noch dazufügen? Wir sind im Bewusstsein der Einheit und somit alle Teil der großen Seele.

Auch die Sexualität unterliegt den Einflüssen unserer Glaubensmuster, Schutzstrategien, Blockaden und Traumata. Das bedeutet, dass wir mitunter gar nicht in der Lage sind, sie authentisch zu leben. Da wären wir wieder bei unserem schweren Reisegepäck.

Nehmen wir das Beispiel eines Menschen, der sexuelle Missbrauchserfahrungen gemacht hat. Er wird, solange dieses Trauma nicht erlöst ist, Probleme haben, seine Sexualität in Freude zu erleben. Denken wir an jemanden, der ein schwaches Selbstbewusstsein hat, ein Mensch, der in seiner Prägungsphase nie Anerkennung erfuhr. Möglicherweise sucht dieser Mensch häufige sexuelle Erlebnisse mit wechselnden Partnern um in dieser Weise sein Bedürfnis nach Bestätigung zu befriedigen und sein schwaches Selbstwertgefühl zu kompensieren.

Es gibt keine identischen Seelen. Jeder Mensch geht unterschiedlich um mit seinem Reisegepäck und entwickelt daraus seine ganz persönlichen

Verhaltensmuster. Da gibt es jene, die sich der Sexualität völlig verschließen und andere, die sie im Überfluss leben. Und es gibt Menschen in glücklichen Partnerschaften, in denen die Sexualität in ausgewogener und erfüllender Weise gelebt wird.

Jesus Christus hat die Liebe, die Freude und damit verbunden auch die körperlichen Lüste gepredigt und auch gelebt. Die Religionen verpönen, missbilligen und brandmarken die Sexualität. Sündenbock wurde dabei das verführerische Weib und wir wissen, welche Folgen das hatte. Wenn wir uns nur einmal vor Augen führen, dass das natürliche und gottgegebene Bedürfnis der sexuellen Begierde innerhalb des Zölibats nie gelebt werden darf, dann können wir die damit verbundene Qual erahnen. Die Schöpfung gab uns Geschlechtsorgane, Drüsen und Hormone. Die Natur verschwendet nichts.

Steckt die Liebesbeziehung in einer Krise, ist die Liebe, die zwei Menschen füreinander empfinden angeschlagen, so wirkt sich das als allererstes auf die Sexualität aus. Die Intimität, die wir während der geschlechtlichen Vereinigung erfahren, ist ein Akt des sich Zeigens. Und weil es so nahe ist, ist es heilig. Wir zeigen uns verletzlich und verwundbar. Hier betreten wir heiligen Boden. Umso mehr verdient unser sexuelles Erleben unsere Fürsorge und Achtsamkeit. Und es erfordert den uneingeschränkten Respekt für das heilige Gegenüber, welches diesen hochenergetischen Austausch mit uns teilt.

Ich sagte, die Sexualität sei etwas Heiliges. Dazu möchte ich gerne Folgendes anmerken:

Heiligkeit ist ein Begriff, den wir nicht achtlos verwendet sollten. Denn „heilig" bedeutet, etwas dem Göttlichen zuordnen, dem Vollkommenen. Wir drücken damit aus, dass uns etwas sehr nahe bei Gott erscheint oder dass wir es so empfinden. Ist uns etwas heilig, so scheint es in einer Zartheit eingehüllt und unantastbar zu sein und damit unermesslich wertvoll.

Vom Geld

Du meine Güte. Das liebe Geld.

Für Verstorbene, wie auch für alle anderen lichten Wesen, hat Geld keinerlei Bedeutung. Da es zu den materiellen Gütern gehört, ist es für die Seele schlichtweg nicht erstrebenswert. Sie bevorzugt andere Werte und Ziele, die sie zu erreichen bestrebt ist und sucht. Dennoch erkennen wir Geld als eine Energieform an, die im Irdischen nicht unbedeutend ist. Das mag auch einer der Gründe dafür sein, dass so mancher seine liebe Not damit hat. In welchem Umfang jeder Einzelne es benötigt ist unterschiedlich. Manch einer kommt mit dem Wenigsten zurecht, wohingegen ein anderer viel davon „braucht".

Das Problem mit dem lieben Geld ist, dass sich der Mensch oft abhängig davon macht. Es ist nur natürlich, sich zwangsläufig mit dessen Erwerb zu beschäftigen um seinen Lebensunterhalt zu bestreiten. Dabei darf und sollte man darauf achten, dass man nicht zum Sklaven des Geldes wird, denn dies geschieht zumeist – wenn nicht gar immer – auf Kosten anderer, dauerhafter Werte. Der soziale Status wird weitgehend am Geld bemessen. Somit bezieht der Mensch sein Selbstwertgefühl vielfach mehr aus seinem Hab und Gut, als aus seinem Sosein. Macht man seinen Eigenwert und seine Selbstachtung am Besitz fest, dann steht das Gebäude wahrlich auf sandigem Grund.

Viel Geld bedeutet viel Macht und das ist immer ein fragliches Werkzeug. Ein Machtgefüge, das missbraucht wird, erzeugt zwangsläufig eine ausgeprägte Schräglage. Da gibt es – in derselben Welt wohlgemerkt – welche, die verhungern und welche, die so viel Geld besitzen, dass sie es im Leben nicht ausgeben können.

Trotz alledem müssen wir das Geld nicht verteufeln. Da es eine Form von Energie ist, sollten wir sie positiv aufladen. Wenn wir dem Geld Ablehnung entgegenbringen, wie sollte es dann den Weg zu uns finden? Hier greifen unter Umständen alte Gelübde und Schwüre, die der Auflösung harren. Wir sollten Geld also sehen und bewerten als das was es ist, mit einem gewissen Maß an Respekt und es liebevoll ausgeben wie annehmen.

Krankheit verstehen

Krankheit – ich habe es schon angedeutet – entsteht immer aus einem energetischen Ungleichgewicht. In der modernen Schulmedizin werden bedauerlicherweise meist nur die Symptome behandelt, kaum jemand fragt nach den psychischen Ursachen. Jede Krankheit hat einen Grund, der erforscht sein will. Wenn der Ursprung des Ungleichgewichtes nicht erlöst wird, ist keine dauerhafte körperliche Heilung möglich. Leider hat der Mensch herausgefunden, dass mit Krankheiten viel Geld zu verdienen ist. So ist die Motivation, den Menschen gesund zu erhalten, häufig nicht gegeben. Aber zurück zum eigentlichen Thema.

Einem energetischen Ungleichgewicht liegt eine Thematik zugrunde. Hier greifen Traumata, Glaubenssätze und Schutzstrategien. Können wir Depressionen, Angststörungen oder auch Burnouts noch gut psychischen Belastungen zuordnen, so sieht die Sache bei Krankheitsbildern wie Krebs oder Diabetes schon anders aus. Was wir erfreulicherweise kennen, ist die Zuordnung von Organen zu bestimmten Emotionen. So wird Wut der Leber zugeordnet, um nur ein Beispiel zu nennen. Natürlich steht es jedem frei, eine alternative Methode zu wählen und beispielsweise einen Homöopathen oder Heiler zu konsultieren. Die Schulmedizin jedenfalls bedarf einer gehörigen Reform, welche sie auch zwangsläufig erfahren muss. Ich möchte jedoch klarstellen, dass ich hier nicht davon abrate, zu einem Arzt zu gehen. Das ist mitunter unabdingbar!

So möchte ich ebenfalls betonen, dass ich *nicht* behaupte, jedes ungelöste Thema führe zu einer schweren Krankheit. Lieber Leser, liebe Leserin, ich zeige lediglich Möglichkeiten auf. Die Wahl eines Menschen krank zu werden ist – wie alles andere auch – individuell.

Eine Krankheit kann ein Geschenk sein, weist sie uns doch den Weg, uns mit uns selbst zu beschäftigen. So mancher, der eine schwere Krankheit überstanden hat, sprach danach von einer grundlegenden Wende in seinem Leben. Oftmals geht dies einher mit einer neuen Wertevorstellung. Viele wählen danach den Weg des Heilers oder Lebensberaters, um andere in ähnlichen Situationen zu unterstützen. Wir haben also die Wahl, ob wir einen solchen Wink des Lebens dazu nutzen, uns selbst besser kennen zu lernen oder ob wir Heilung einfach konsumieren wollen. Letzteres ist, wie man sich vorstellen kann, unmöglich.

Der Mensch selbst trägt enormes Selbstheilungspotenzial in sich, welches mit entsprechender Anleitung oder einfach intuitiv aktiviert werden kann. Heilung zu konsumieren, ja zu „bestellen" ist ohne Eigenanteil nicht machbar.

Krankheiten, die aus einem energetischen Ungleichgewicht – weil ungelöste Themen – entstehen, sind Auswirkungen nicht gesehener Lebenslektionen.

Dennoch gibt es Krankheiten, die wir zum Teil aus vergangenen Leben mitbringen, die karmischen Krankheiten. Auch gibt es Krankheitsbilder, die wir uns aussuchen um diese besondere Erfahrung zu machen.

Letzteres ist beispielsweise dann der Fall, wenn Kinder schwer krank werden und dann gehen. Die Seele stellt sich zur Verfügung, in jungen Jahren die Eltern wieder zu verlassen, damit sie genau diese klar definierte Erfahrung machen können. Dazu möchte ich Folgendes ausführen: In den lichten Ebenen gibt es weder Zeit, noch Bewertung, Urteil oder Gericht. Hier gibt es ausschließlich Emotionen, die aus dem Liebesbewusstsein begründet sind. Hier ist nichts als Liebe. Die Logik der geistigen Welt ist außerordentlich einfach und dabei so logisch, wie sie nur sein kann. Wenn wir also Kinder nehmen, die früh an schwerer Krankheit sterben, dann liegt der Grund manchmal nur darin, dass die Eltern dadurch die Demut dem Leben gegenüber lernen dürfen. So einfach die Logik auch sein mag, die Aufgabe ist zweifelsohne eine sehr schwierige. Hier wird deutlich, wie groß das Liebesbewusstsein einer Seele sein muss, um sich für diese – oder auch andere Taten – zur Verfügung zu stellen. Für die Seele, die die Erde wieder verlässt, bevor sie das

Leben richtig gekostet hat, ist es nur ein Wimpernschlag bis zur nächsten Inkarnation und wenn dabei auch hunderte Jahre vergehen.
Wie weiter oben bereits angedeutet, gibt es auch karmische Krankheiten. Selbstverständlich kann eine Krankheit traumatisieren, wenn sie sehr schmerz- und leidvoll von statten geht. Gerade in der Vergangenheit, als die Medizin noch nicht in der Lage war, auf starke Schmerzmittel zuzugreifen, musste so ein Mensch schon viel ertragen. Aufgrund dessen kann es geschehen, dass wir dieses Trauma in die nächsten Inkarnationen mitnehmen, solange eben, bis wir es erkennen und lösen.
Erlebnisse wie Krieg, Hungersnot, Verfolgung oder Totschlag in früheren Inkarnationen können ebenfalls in einer nächsten Wiedergeburt Krankheiten verursachen. Hat man beispielsweise einst einen Krieg und eine danach entstandene Hungersnot durchlebt, dann ist es durchaus möglich, dass wir in einer nächsten Inkarnation von Allergien oder Essstörungen beeinflusst sind. Hier wird die schon erwähnte Komplexität der Schöpfung erneut deutlich. Bei allem Gesagten zeigt sich, dass es die nicht geheilten Emotionen sind, die uns letztendlich das Leben schwer machen. Alle negativen Gefühle, wie Wut, Trauer, Zorn oder Angst halten uns von der Liebe fern und wenn wir der Liebe fern sind, leben wir nicht gesund. Liebe ist die *einzig* wahre Arznei.

Seelenpartnerschaft

Es gibt keine identischen Seelen. Jede Seele ist einzigartig im Irdischen und auch in den lichten Ebenen ist jede Seele individuell. Und jede hat eine eigene Signatur und auch einen Namen.
Zu Lebzeiten gibt es durchaus Seelen, die sehr ähnlich und überaus eng miteinander verbunden sind. Der Mensch hat sich viele Bezeichnungen dazu einfallen lassen. Wir kennen Dualseelen, Zwillingsseelen, Zwillingsflammen und wohl noch einige mehr. Dabei werden alle in etwa gleich beschrieben. Mitunter wird behauptet, bei Dualseelen handele es sich um eine einzige Seele, die in zwei aufgespalten ist und somit den ihr jeweils fehlenden Seelenanteil sucht, um sich wieder zu vervollständigen. Dem ist *nicht* so.
Die Seele ist unsterblich, dass wissen wir schon. Aber sie ist auch *unantastbar*! Wer also sollte die Seele teilen und in zwei Scheibchen schneiden? Und welchen Nutzen hätte das? Die Schöpfung verschwendet nichts. Sie kreiert etwas um es danach wieder auseinander zu nehmen? Wohl kaum.
Da gibt es den Begriff der „abgespaltenen Seelenanteile" und der „Seelenrückholung". Dies bedeutet aber nicht, dass die Seele aufgestückelt ist und irgendwelche Anteile irgendwo verloren und orientierungslos „im Nirvana umherschwirren". Es bedeutet lediglich, dass der Mensch nicht alle seine Anteile lebt, weil er aufgrund dramatischer Erfahrungen gewisse Aspekte seiner selbst nicht wahrnehmen möchte. Hier spricht man von Abspaltung, aber nur im übertragenen Sinne. Die Seele ist immer ganz und unverletzbar!
Wer sich schon mit dem Begriff Dualseele beschäftigt hat, der weiß sicherlich, dass die Verbindung zwischen zwei Seelenpartnern keineswegs einfach ist. Bei solchen Verbindungen gibt es diese aufwühlende, aufregende Liebe und eine unglaubliche Anziehung zwischen den beiden, aber auch stets die Trennung. Sind sie zusammen, glühen sie förmlich,

bis einer von ihnen wieder den Rückzug antritt. Das ist bei dieser Art der Verbindung wirklich äußerst schmerzhaft.
Das rührt daher, dass Dualseelen immer ein sehr heftiges Karma miteinander verbindet. Es geht dabei immer um Leben oder Tod und Verrat zwischen zwei sich Liebenden. Wobei hier niemals die Liebe infrage gestellt ist. Dennoch kommt es mitunter zu einem dramatischen Vorfall und Verrat ist ein sehr, sehr schmerzhaftes Trauma. Dualseelen sind also Liebende, die sich schon in mehreren Inkarnationen begegneten und immer wieder zwischen abenteuerlicher Liebe und tiefstem Schmerz hin und her gebeutelt werden.
Jeder Mensch darf und sollte sich hinterfragen, was er denn in seinen Liebesbeziehungen vom anderen erwartet. Was erhofft man vom anderen zu bekommen? Wirklich verstanden zu werden bedeutet, dass wir angenommen werden in der jeweiligen Persönlichkeit, mit all unseren Rollenübernahmen und nicht gelebten Anteilen, so wie wir eben sind. Das ist Empathie und wahre Liebe zum Menschsein. Hier geht es darum, dass wir uns lieben in unserer Vollkommenheit, aber gerade auch in unserer Unvollkommenheit.

Schwangerschaftsabbruch

Hier greift einmal mehr der Seelenplan. Beide Seelen, Kind und Mutter, haben die Abmachung getroffen, diese Erfahrung zu machen. Ob es dabei immer zum Tode des Kindes – und bei solchen Eingriffen in der weiteren Vergangenheit auch bei der Mutter – kommt oder nicht.
Die Zeitspanne zwischen zwei Inkarnationen kann mehrere hundert Jahre betragen und doch ist es für die Seele ein Flügelschlag, weil sie in den lichten Ebenen keine Zeit kennt. Obwohl der Eindruck entstehen kann, dass die Seele leichtfertig mit dem Leben umgeht, ist dies keineswegs der Fall. Es gibt wohl nichts Achtvolleres und Respektvolleres dem Leben gegenüber, als eine Seele.
Die Lernaufgabe der Mutter, die dem Kinde mit ihrer Entscheidung für die Abtreibung kein irdisches Leben ermöglicht, mag die sein zu erkennen, wie heilig und welches Geschenk ein Leben ist. Sicherlich geht es auch darum, wie sie mit dem Thema der Schuld umgehen darf. An dieser Stelle sei daran erinnert, dass sich die Seelen bei ihren Absprachen durchaus dessen bewusst sind, wenn sie sich negatives Karma aufladen. Auch das gehört zum Plan und bedingt diese Erfahrung. Das Kind wiederum könnte als Lernaufgabe wählen, sich bedingungslos für das Leben zu entscheiden. Es gibt viele Menschen, die trotz ihrer Entscheidung für eine Inkarnation dennoch am liebsten wieder in die lichten Ebenen wechseln würden. Das sind die Menschen, die den Eindruck verleihen, nie wirklich im Leben anzukommen.
Es gibt immer wieder Kinder, die eine Abtreibung überleben. Hier stellt sich die Lernaufgabe anders da. Kinder, die einen Angriff auf ihr Leben im Mutterleib überlebt haben, sehen sich im weiteren Verlauf ihres Lebens oftmals mit Situationen konfrontiert, in welchen sie – mit knapper Not – dem Tod entronnen sind. Da gibt es dann Lebensphasen, in welchen sie bei einem Unfall oder aufgrund einer schweren Erkrankung beinahe gestorben wären. Sie stehen also zu Lebzeiten immer wieder an

der Schwelle zum Tode. Dies beinhaltet sicherlich die Aufforderung zu hinterfragen, worin diese Erlebnisse begründet sind. Hier geht es letztendlich darum, Vergebung zu lernen und wieder in die Liebe zu finden. Es geht um Vergebung und Liebe sowohl für sich selbst, als auch für die Mutter und gegebenenfalls für den Vater. Selbstverständlich haben die Väter ebenfalls ihren Anteil an einer solchen Entscheidung, so sie denn involviert sind.

Jedes Leben ist ein heiliges Gottesgeschenk und wir dürfen achtsam damit umgehen. Die Seelen wollen auf Erden Erfahrungen sammeln, um zu wachsen. Überdies geht es darum, dass der Mensch von Inkarnation zu Inkarnation wieder zurück zu sich und den Zugang zur Seele findet. Wir sind also aufgerufen, uns mit Selbstheilung und mit Selbstreflektion zu beschäftigen. Wir sollten den Zugang zum Bewusstsein und dessen Erweiterung anstreben. Dazu gehört auch die Lernaufgabe, hinter die Mysterien des Schöpfungsgefüges zu blicken und zu lernen, dass es weitaus mehr gibt, als eben nur die erlebte Inkarnation. Ein Mensch, der ausschließlich auf die jeweilige Inkarnation fokussiert bleibt, wird nie hinter die Kulissen blicken und somit seine irgendwann angehäuften karmischen Erfahrungen nicht erlösen können. So haben wir gewissermaßen zwei Lernaufgaben in einer.

Geistige und körperliche Vererbung

Beim Thema Vererbung denken die meisten von uns in erster Linie an physische Attribute, doch sind auch geistige Anteile vererbbar. Hier kommt es darauf an, was wir bereit sind an unseren Nachwuchs weiter zu geben. Beobachten wir nur einmal, wie gleich mitunter Gesten, Lachen oder sogar Wortwahl und die Art des Humors zwischen Mutter und Sohn oder Vater und Tochter sind. Die Seele sucht sich ihre jeweiligen Eltern unter anderem auch nach diesen Gesichtspunkten aus.

Talente und Vorlieben werden vererbt, genauso wie Laster oder Schwächen und Stärken. Schließlich entsteht ein neues Lebewesen aus Anteilen von Vater und Mutter, die dies alles in ihren Genen tragen und an den Sprössling weitergeben. Nicht selten treten Kinder in die Fußstapfen der Eltern und wählen den gleichen Beruf, weil sie eine ähnliche Auffassung darüber innehaben.

Selbstverständlich greifen hier auch Erziehung, Bildung und Vorleben. Dennoch wird ein Heranwachsender nicht *zwingend* von den geistigen Attributen der Eltern gelenkt oder beeinflusst. Es gibt ja auch diese Kinder, die mit den Eltern so gar nichts gemeinsam haben.

Wenn wir bedenken, dass der Embryo in der ersten Schwangerschaftshälfte kein Ich-Bewusstsein hat und alles, was die Mutter erlebt als das Seine annimmt, dann wird deutlich, wie sehr die beiden miteinander verbunden sind. Sogar ihre Gedanken sind die des Embryos. Alles was der Mutter durch den Kopf geht, ist auch im Empfinden des Kindes. Die ersten Prägungen finden also bereits im Mutterleib statt. Soweit zur Vererbung geistiger Attribute.

Spannen wir nun die Bogen zu den physischen Aspekten der Vererbung. Wir alle kennen Krankheiten, bei welchen uns gesagt wird, dass es sie bereits in der Familie gab, also seien sie „vererbt". Dem ist so, wenn auch wohlgemerkt nur zum Teil. Ein Mensch, dessen Familienangehöriger an einer chronischen Krankheit leidet, trägt ebenfalls die Anlage in seinen

Genen, sodass diese Krankheit sich auch bei ihm zeigen kann. Wir kennen aber auch die energetischen Familienverstrickungen, bei denen wir gerne etwas „übernehmen", das eigentlich gar nicht zu uns gehört. Es ist also zum einen so, dass nicht jede Krankheit die ein Schulmediziner als erblich bedingt definiert, zwingend als Krankheit weitergegeben wird. Oftmals haben wir es vielmehr mit einer energetischen Verstrickung zu tun. Zum anderen werden Krankheiten mitunter als erblich bedingt betitelt, wenn keine andere Erklärung zu finden ist.

Krankheiten entstehen aus einem energetischen Ungleichgewicht, darüber sprachen wir schon. Wenn es in der Ahnenreihe ein Thema gibt, das nicht erlöst ist und das sich möglicherweise schon über Generationen hinweg durchzieht, können die gleichen Krankheitsbilder auftreten. Dies kann inkarnationsübergreifend der Fall sein. Es gibt immer jenen Einen in der Ahnenreihe, der die Heilung als Aufgabe übernimmt. Es ist der Eine, der das belastete energetische Band, welches sich durch die Reihe der Ahnen zieht, löst und das Thema heilt.

Freitod

Der Freitod eines Menschen wird in den lichten Ebenen *nicht* bewertet. Der Mensch wird deswegen nicht bestraft. Genau so wenig muss er – wie manchmal behauptet wird – eine Zeit in irgendeiner Zwischenwelt wie in einer abgeschotteten Zelle darben, bevor er in die Ebenen darf, in denen auch die anderen Seelen sind. Derartiges würde ja wieder ein Gericht und ein Urteil voraussetzen. Derlei Absurditäten gibt es nicht.
Um das besser zu verstehen, sehen wir uns anhand eines Beispiels ein Leben an, das mit einem Freitod beendet wird. Wir haben also jemanden, der in seinem Leben Erfahrungen gewählt hat, die ihn letztendlich dazu bringen, sich das Leben zu nehmen. Wir haben es mit einem Leben zu tun, das geprägt ist von zehrenden Entbehrungen von Liebe, Anerkennung und Glück, ein Leben, das schließlich zur Verzweiflung führt. In ihrer ausgeprägtesten Form ist Verzweiflung ein Zustand, in dem der Mensch innerlich völlig erstarrt, nicht mehr weiter weiß und keinen Ausweg findet. Der Tod ist die letzte Lösung, die einzige Erlösung, die er noch sehen kann. Er gibt schließlich sein Leben hin, er gibt auf. Mit seinem freien Willen entscheidet er, seinem Leben ein Ende zu setzen. Ist die Seele damit einverstanden, wird der Tod eintreten. Ist sie das nicht, wird der Suizidversuch fehlschlagen. Das sind dann die Menschen, die noch rechtzeitig gefunden werden oder die Fälle, in denen die Technik versagt, wie auch immer. Man könnte also sagen, der Betreffende wollte sterben und auch wieder nicht.
Der Mensch hat die Möglichkeit nach seinem missglückten Versuch einiges mehr über sich selbst zu erfahren und daran zu wachsen. Aber eines ist gewiss – und das wird bei einem Jenseitskontakt mit einem Medium sehr oft erfragt – die Angehörigen trifft keine Schuld.
Der Freitod ist zweifelsohne eine der herausforderndsten Erfahrungen, die man sich erwählen kann. Hier wird eine kaum vorstellbare Grenze überschritten. Das bedingt ein unglaublich hohes Maß an Mut.

Gleichzeitig ahnen wir, wie verzweifelt, unglücklich und einsam diese Menschen sich in der Tiefe ihres Seins fühlen müssen. Sind wir als Angehörige betroffen oder erleben das im unmittelbaren Lebensumfeld, dann trifft uns das mitten ins Herz und wir sind in tiefem Mitgefühl sowohl für die Seele als auch für die Angehörigen. Ich möchte abschließend noch einmal in aller Deutlichkeit betonen, dass eine Seele, die den Freitod gewählt hat, in keiner Zwischenwelt festhängt, weil sie nicht hinüber wechseln darf. Auch diese Tat wurde in vollem Besitz des Liebesbewusstsein geplant. So schwer vorstellbar das aus irdischer Sicht auch sein mag, dennoch ist es so.

Sucht und Abhängigkeit

Grundsätzlich kann man sagen, dass wir nichts in die jenseitige Ebene mitnehmen. Dies gilt für Süchte, egal ob stoffgebunden oder auch nicht, und für wie auch immer geartete Abhängigkeiten ebenso. Ist eine Sucht jedoch verbunden mit karmischen Verstrickungen und sind diese nicht gelöst, dann wird die Sucht beim nächsten Seelenplan erneut eine Rolle spielen. Das Gleiche gilt für Abhängigkeiten. Insofern haben wir sie noch „auf der Schriftrolle".

Auch hier spielt wieder die Individualität jedes Einzelnen eine Rolle. Abhängigkeit kann sich auf Gruppen oder Menschen beziehen. War ich im letzten Leben von jemandem abhängig oder ihm gar hörig und ist das Thema noch offen, so erlebe ich es wieder. Habe ich mich einer Gruppe sprichwörtlich verschworen, trage ich unter Umständen meinen Schwur wieder mit mir.

In den jenseitigen Ebenen sind wir also nicht belastet, weder mit Süchten noch mit Abhängigkeiten. Treten wir wieder in eine irdische Inkarnation ein, könnte eine vorher erlebte Suchtsituation oder Abhängigkeit wiederbelebt werden. Einzig erdgebundene Seelen, die nach dem Verlassen des Körpers noch bleiben und die selbst süchtig waren, können sich an Menschen anhängen. Die Erdgebundenen wählen dann Menschen, die selbst süchtig sind und verstärken dadurch noch deren Sucht. Auffällig ist dann, wenn der Mensch plötzlich noch mehr raucht, noch mehr trinkt als sonst üblich. Man könnte das in etwa so erklären, als dass die erdgebundenen Seelen noch nicht so recht loslassen können und noch stärker an der Sucht anhängen, als dass sie weiter in Richtung Lichtheimat gehen. Dies kann gerade dann der Fall sein, wenn die Sucht sehr ausgeprägt war. Das ist keine boshafte Absicht oder gar etwas Dämonisches, sie können einfach nicht anders. Solcherlei geplagte Menschen nehmen sich zu Lebzeiten kaum selbst wahr und auch im Tode nicht.

Demenz

Bei der Demenz sterben Nervenzellen im Gehirn ab, sodass der Mensch immer weniger auf Gedächtnis, Fähigkeiten und Talente zugreifen kann. Der Verstand stirbt, so könnte man es umschreiben. Dieses Absterben der Nervenzellen ist irreparabel, sie sind nicht wieder herstellbar. Eine Seele ist unantastbar und unversehrbar. Von Krankheiten bleibt sie unberührt und auch die Demenz bildet davon keine Ausnahme, wie man vielleicht zu glauben geneigt sein könnte. So befremdend es vielleicht klingen mag, wenn ich sage, dass der Verstand zum Stillstand kommt, so kommt das dem Sachverhalt doch recht nahe. Hier haben wir also einen Zustand, den wir uns bei Meditationen nur allzu oft wünschen. Auch das Ego büßt seine Bedeutung ein, denn das Ego verliert sich in der Demenz. Sieht man es aus dieser Perspektive, dann haben wir es bei der Demenz also nicht unbedingt mit einem bedauernswerten Zustand zu tun, wenn er denn nicht zum Tode führen würde. Demenzkranke rücken aufgrund der Stille in ihrem Kopf unwillkürlich näher an ihre Seele. Wer die Möglichkeit hat, einem Demenzkranken in die Augen zu blicken, der weiß, was ich meine. Demente Menschen spüren mehr, weil sie sich jetzt auf ihre Gefühle verlassen müssen, die sie aber dennoch nicht ausdrücken können. Aus diesem Grunde ist es außerordentlich wichtig zu betonen, dass ein liebevoller Umgang mit diesen Menschen unabdingbar ist. Das sollte sowohl dem Pflegepersonal als auch den Angehörigen erste Pflicht sein! Wie bei jedem anderen Menschen auch, verlässt die Seele des Demenzkranken den Körper erst dann, wenn der Tod eingetreten ist. Die Seele macht keinen Unterschied.

Der Demenz liegen übrigens Trennungen zugrunde, sie kann durch argen Trennungsschmerz ausgelöst werden. Dazu können sich ungesunde Ernährung und Lebenswandel, wie auch die Einnahme von starken Arzneimitteln auswirken.

Im Koma

Liegt ein Mensch im Koma, dann ist die Seele noch im Körper. Dies ist solange der Fall, bis der tatsächliche Tod eintritt, also bis sich die Seele letztlich vollständig löst. Dennoch geht die Seele auf Reisen. Sie wandert in Zwischenwelten oder zu ihrer Seelenheimat, bleibt dabei aber stets durch die Silberschnur mit dem Körper verbunden. Viele Komapatienten berichten nach dem Erwachen, dass sie in den lichten Welten waren, ihnen Unglaubliches gezeigt wurde und dass sie Wunderschönes erlebt haben. Da der Betreffende ja noch mit dem Körper verbunden ist, nimmt er trotz seiner Seelenreisen vieles wahr von dem, was um ihn herum geschieht. So gibt es unzählige Berichte darüber, dass der Komatöse in dem Augenblick reagiert hat, in dem Angehörige ins Zimmer traten. Das Pflegepersonal in solchen Abteilungen weiß ganz genau um derartige Vorgänge und mahnt die Besucher, auf ihre Wortwahl zu achten, wenn sie sich miteinander unterhalten. Eine Diskussion, beispielsweise über das mögliche Erbe, wäre also ignorant und nicht besonders feinfühlig.

Menschen, die aus dem Koma erwacht sind, berichten oft von wundersamen Reisen in die geistige Welt, von Begegnungen mit Heiligen, Engeln oder anderen Lichtwesen, um auf das oben erwähnte noch einmal zurück zu kommen. Manche werden regelrecht geschult und sind, wenn sie wieder genesen sind, sehr viel hellsinniger als zuvor. Für viele ist es nach solchen Erlebnissen problematisch, sich wieder in ihr voriges Leben zu integrieren. Oftmals wählen sie dann einen ganz neuen – zumeist spirituellen – Seelenweg. Dazu spielt es keine Rolle, wie lange das Koma andauert. Auch dann, wenn es nur wenige Sekunden anhält, so kann der Patient im Nachhinein das Gefühl und den Eindruck haben, er sei tagelang unterwegs gewesen. Die Seele verspürt in diesen Momenten wohl den Wunsch, nach Hause zu gehen, zurück ins Licht. Wenn der ursprünglich gewählte Zeitpunkt noch nicht erreicht ist, dann wird die Seele zurückgeschickt, zurück in den Körper, zurück ins Irdische. Dabei sind Engel behilflich.

Fehlgeburt

Zeit hat in der unendlichen, kosmischen Intelligenz keine Bedeutung. Für eine Seele, die inkarniert und dann bereits im Mutterleib wieder heimkehrt, wenn es also nicht dazu kommt, dass sie in diese Welt geboren wird, spielt die Zeit ebenso wenig eine Rolle. Seelen sind zeitlos. Es verhält sich in den Fällen von Fehlgeburten nicht anders, als bei anderen Erfahrungen, die wir uns für die irdische Inkarnation erwählt haben. Die Seele weiß, dass sie jederzeit wieder inkarnieren kann. Und wenn auch hundert Jahre oder mehr dazwischen liegen mögen, ist das bedeutungslos. Doch werfen wir einen Blick auf das Erleben der Mutter. Nehmen wir also eine Mutter, die in der Schwangerschaft eine Fehlgeburt erlebt. Es ist wohl eine der traumatischsten Erfahrungen, sein Kind zu verlieren, ob nun in der Schwangerschaft oder eben später. Diese Mutter erfährt den Verlust, die Trauer, den Schmerz, womöglich Versagensangst, Selbstzweifel, Wut und Schuldgefühle. Dies sind die Emotionen, die sie mit Sicherheit, zumindest für eine Weile, begleiten werden. Wozu kann dieses verwirrende Gefühlschaos diese Frau führen?
Vielleicht findet sie schließlich zur Weichheit sich selbst gegenüber. Der Verlust schärft ihr Bewusstsein für den Wert und die Kostbarkeit des Lebens. Menschen, die ihr Kind verloren haben, gewinnen dadurch nicht selten eine unglaubliche Stärke. Von diesem schmerzlichen Verlust geprägt, sehen sie die Welt nunmehr mit anderen Augen, da sie ihre Prioritäten völlig verschieben. Auch tappen sie nicht mehr so schnell in die Opferrolle aufgrund von verletztem Ego. Dies könnten beispielsweise die Lernaufgaben sein, die sich diese Frau ausgesucht hat.
Was das Kind betrifft, so ist das Bewusstsein des kleinen Menschen, wenn es in der ersten Hälfte der Schwangerschaft abgeht, noch nicht ausgebildet. Das Menschlein ist sich also noch gar nicht seiner selbst bewusst. Es kommt von zuhause und geht unmittelbar danach wieder nach Hause. In der zweiten Hälfte der Schwangerschaft kommt langsam

die Eigenwahrnehmung dazu und das menschliche Bewusstsein erfasst und begreift, dass es stirbt. Hätte sich die Seele diese Aufgabe nicht ausgesucht, dann würde das Menschenkind überleben.
In jedem Fall ist es eine sehr harte Prüfung für die Eltern und mitnichten sind sie um diese Erfahrung zu beneiden. Das sage ich wohlgemerkt aus menschlicher Sicht. Viele Paare überstehen diese Erfahrung nicht gemeinsam und gehen irgendwann getrennte Wege. Es ist der Schmerz des Verlustes, den der eine Partner dem anderen immer wieder spiegelt. Wir alle sind erfüllt von tiefempfundenem Mitgefühl für all jene, die betroffen sind.

Geistige Behinderung

Menschen mit geistiger Behinderung, wie auch Menschen mit Autismus, Epilepsie oder dergleichen Krankheitsbildern sind den lichten Welten näher als Menschen ohne diese Beeinträchtigungen.
Der Verstand ist eingeschränkt, weil Teile im Gehirn nicht so funktionstüchtig sind, wie es üblicherweise der Fall ist. Ich möchte nicht sagen, "wie bei Gesunden", denn Menschen mit Autismus oder geistiger Behinderung sind nicht krank. Sie sind anders. Wenngleich eingeschränkt in ihren Handlungen oder verbalen Möglichkeiten, haben sie dadurch doch eine viel engere Beziehung zur lichten Welt. Bei den Naturvölkern würde ein Autist ein Schamane werden, eben wegen seiner anderen Art und seiner besonderen Sicht der Dinge. Ihnen allen ist ein Entrücktsein aus der irdischen Welt zu eigen, ein Zustand, wie wir ihn gerne beim Meditieren anstreben.
Ebenfalls sollten wir an dieser Stelle die überragenden Fähigkeiten mancher Autisten nicht unerwähnt lassen. Hier sind einige Bereiche im Gehirn inaktiv während andere über die Maßen betriebsam und rege sind. Diese hochgradig aktiven Hirnregionen befähigen sie zu Höchstleistungen, die ein Mensch ohne geistige Beeinträchtigung nie zu vollbringen in der Lage wäre. Das beweist eindrucksvoll und unwiderlegbar, wieviel ungenutztes Potenzial in unseren Köpfen brach liegt. Wir gewinnen einen kleinen Eindruck davon, was machbar sein könnte, wenn es uns möglich wäre auf unser volles Potenzial zuzugreifen.
Außerdem leben diese Menschen ohne die Beeinflussung durch ein berechnendes negatives Ego. Aus diesem Blickwinkel betrachtet, haben wir es mit einem wünschenswerten Zustand zu tun. Bedauerlicherweise werden geistig behinderte Menschen in der Gesellschaft abgestempelt und ausgegrenzt. Hier wiederum entsteht ein großes kollektives Vakuum, an welchem jeder Einzelne gerne zur Heilung beitragen darf. Diese Menschen sollten keine Außenseiter in unserem Leben sein. Wir dürfen

erkennen, dass wir in Bezug auf das Leben als solches sehr viel von ihnen lernen könnten.
Was Menschen mit geistiger Beeinträchtigung überdies auszeichnet, ist ein ungebrochener Lebenswille. So mancher Angehörige erblasst angesichts der Lebensfreude eines solchen Menschen. Die kleinste Blume kann ihr Herz erfreuen und sie teilen ihre Liebe sehr gerne mit anderen. Geistig Behinderte sind bedingungslos liebend und damit der Erleuchtung sehr viel näher als wir.

Sexueller Kindesmissbrauch

Aus menschlicher Sicht ist eine sexuelle Missbrauchserfahrung im Kindesalter wohl einer der tiefsten Abgründe, in die ein Mensch geraten kann. Und ich bin mir der vielen, vielen gebrochenen Herzen von Kindern und auch deren Eltern bewusst, wenn ich mich auch hier wiederhole und von Seelenplan und Erfahrung spreche. So blickt die geistige Welt auch auf diese Vorgänge, genau so wie auf andere menschliche Erfahrungen. Als Mensch ist das jedoch nur schwer anzunehmen oder gar zu begreifen, so groß und tiefgreifend ist der unsägliche Schmerz. Sexueller Missbrauch schlägt sich so folgenschwer wie kaum eine andere Erfahrung auf das restliche Leben nieder, wie kaum ein anderes Trauma. Menschen, die Derartiges erleben sind für ihr Leben gezeichnet. Dasselbe gilt für Vergewaltigungen in späterem Alter. Die reine, heilige Nacktheit wird durch einen gewaltsamen Übergriff verletzt. Es fühlt sich an, wie eine Verletzung der Göttlichkeit. Das ist wahrlich schwer zu ertragen und durch das restliche Leben zu tragen.

Ich möchte an dieser Stelle betonen, dass ich tiefen Respekt und Achtung empfinde vor sämtlichen Erfahrungen, die die Menschen durchleben, wie auch für meine eigenen. Und die geistige Welt steht mir da in nichts nach. Alle lichten Wesen, ob nun Engel, Heilige, Geistführer oder aufgestiegene Meister sind tief berührt und voller Hochachtung den auf Erden Lebenden und ihren gewählten Erfahrungen gegenüber.

Bei Missbrauchserfahrungen geht es um Ohnmacht, Handlungsunfähigkeit und um das Ausgeliefertsein. Vor allem aber geht es um Schuld und Scham. Diese beiden Aspekte sind die weitreichendsten und hartnäckigsten. Aus Schuld und Scham sind in der Vergangenheit ganze kollektive Felder entstanden, die bis heute Bestand haben und ich möchte darauf noch an anderer Stelle näher eingehen. Wie groß die Liebe einer Seele doch sein muss, sich für eine solche Erfahrung zur Verfügung zu stellen!

Es liegt zutiefst in der kindlichen Natur, immer nur sich selbst infrage zu stellen. Für ein Kind ist es also naheliegend, Scham zu empfinden und sich selbst die Schuld zu geben. Missbrauchte Kinder gelangen zu der Überzeugung, sie seien schlecht. Dies ist eine denkbar verheerende Ausgangsituation für ein gesundes Heranwachsen und Selbstwertverhältnis im späteren Leben.

Selbst dann, wenn dieses Trauma geheilt ist, wird es nicht vergessen. Vergebung ist möglich, doch die Spuren, die diese Taten hinterlassen sind unauslöschlich. Nur eine alte Seele kann es schaffen, selbst dies ins Licht zu drehen, es als das zu nehmen, was es ist und dabei noch in der Liebe zu bleiben.

Intelligenz

Intelligenz hat verschiedene Facetten. Es mag auf den ersten Blick befremdlich anmuten, dass keine davon mit Bildung zu tun hat. Bildung ist angeeignetes Wissen, wohingegen Intelligenz einer inneren Quelle entspringt. Ein Mensch, der sehr gebildet ist, beispielsweise in Wissenschaften und der überdies vielleicht noch über eine umfangreiche Allgemeinbildung verfügt, kann doch wenig intelligent sein. Bei einem sogenannten Intelligenztest wird er vermutlich dennoch gut abschneiden, weil er viel um Mathematik, Geschichte oder deutsche Grammatik weiß. Aus diesem Grunde wäre die Bezeichnung „Bildungstest" wohl treffender.

Eigentliche Intelligenz ist ein innewohnendes Gut. Sie ist eine Art innerer Führer, der uns erkennen lässt, was angebracht, gut und richtig ist. Wir kennen die emotionale Intelligenz, eine wunderbare Kompetenz, die uns in die Lage versetzt, unsere Gefühle und die unserer Mitmenschen richtig einzuordnen. Die emotionale Intelligenz befähigt uns dazu, einen Zusammenhang zwischen Gefühl und Handlung herzustellen. Wir sind dann in der Lage, sowohl unsere eigenen Gefühle, als auch die der anderen zu verstehen und deren Ursprung nachzuvollziehen. Das geht weiter als die Empathie es tut. Bei der emotionalen Intelligenz können Gefühle wahrgenommen und verstanden oder gar beeinflusst werden. Somit verstehen wir also auch, woher die Emotionen kommen, warum wir so fühlen und welche Rollenübernahmen daraus entstehen. Ist jemand also emotional intelligent, dann kann er sich leichter durchs Leben bewegen, weil er mit seinen Gefühlen gut umgehen kann.

Aus dieser emotionalen Intelligenz heraus entsteht eine soziale Kompetenz. Diese Menschen können gut zuhören und verstehen andere. Sie sind in der Lage den anderen wirklich „zu sehen". Es ist für sie ein Leichtes, Körpersprache zu deuten. Mit emotionaler Intelligenz gesegnete

Menschen sind kommunikativ und werden immer Mitmenschen anziehen, die sich Rat bei ihnen suchen.
Selbstverständlich gibt es durchaus noch andere Facetten der Intelligenz. Ist jemand beispielsweise musikalisch intelligent, wird er spielerisch und einfach Musikstücke nachspielen können, ohne überhaupt Noten lesen zu können. Wir sprechen dann gerne von einem Naturtalent. Man kann also sagen, dass ein Talent auf einer innewohnenden Intelligenz basiert. Ist eine Facette der Intelligenz ausgeprägt, kann ein Talent daraus entstehen. Wir wissen, dass man damit erfolgreich durchs Leben kommen kann.

Organspende

Die vieldiskutierte Thematik der Organspende liegt mir in besonderer Weise am Herzen. Es ist mir ein Anliegen zu betonen, dass wir grundsätzlich *nicht* in die Entscheidungen der Seele eingreifen sollten. In diesem Zusammenhang dürfen wir nie vergessen, dass wir einem göttlichen Plan folgen. Wenn wir also krank werden und sterben müssen, so ist das die Entscheidung der Seele, getroffen im vollen Besitz unserer seelischen Kraft. In seiner Unwissenheit um diese tiefen Zusammenhänge greift der Mensch medizinisch ein und verlängert das Leben auf unnatürliche Art und Weise. Der verzweifelte Wunsch am Leben bleiben zu wollen ist hier der Antrieb. Dies ist natürlich nur allzu verständlich. Der Mensch hängt am Leben und das ist erstmal gut und richtig so.

Die Seele braucht eine Weile, um dem Körper zu entsteigen und sich vollständig zu lösen. Ist der zu Tode gekommene ein Organspender, dann wird der Körper so schnell es nur irgend geht, ausgeschlachtet. Ich bitte um Nachsicht für diese dramatische Ausdrucksweise, aber sie wird dem Vorgehen der Organentnahme überaus gerecht. Eine Seele ist also noch eine Weile mit dem Körper verbunden, ja, in dem Körper und gleichzeitig wird dieser entleert. Das stört den Fortgang des Kreislaufes der Seele und so manche bleibt erdgebunden, weil die nötige Ruhe einfach nicht gegeben ist. Überdies gibt es viele Berichte, die zeigen, dass das Operationsbesteck oder Zellstoff in diesen ausgemergelten Körpern verbleibt. Wir nehmen solche Dinge gerne mal in nächste Leben mit.
Unser Körper ist Zeit unseres Lebens ein Energiesystem, welches in Organen und Zellen all unsere Erfahrungen speichert. Wir wissen, dass Organen Emotionen zugeordnet werden. Was bitte kann passieren, wenn die Leber transplantiert wird, die von der Energie her vollgeladen ist mit Wut? Wir können uns vorstellen, dass es demjenigen, der die Leber erhält, nicht zuträglich ist. Wut ist die Grundlage für Krebs.

Das Herz hat eine eigene Intelligenz. Es verfügt über Erinnerungsvermögen und Lernfähigkeit und ist unmittelbar mit der Seele verbunden. Das Herz reagiert schneller auf Impulse als das Gehirn und besitzt gehirnähnliche Zellen. Die Energie und die Erfahrungen des Spenders übertragen sich über das Spenderorgan auf den Empfänger. Organspenden sind also sowohl für den Geber als auch für den Nehmer problematisch und äußerst bedenklich und mit größter Vorsicht zu genießen. Es ist – um es noch einmal zu wiederholen – schlichtweg ein Eingriff in die kosmischen Gesetze. Das würde die geistige Welt niemals tun, so sollten wir es auch nicht.

Psychotherapie und Psychiatrie

Therapeuten für die Psyche, so unterschiedlich ihre Tätigkeitsfelder und Bezeichnungen auch sein mögen, bieten hervorragendes Werkzeug für all jene, die den Weg der Selbstfindung gehen. Es gibt Körper-, Musik-, Verhaltens-, oder Gesprächstherapeuten, um nur einige davon zu nennen. Gute Therapeuten durchlaufen eine langjährige Ausbildung, bevor sie tatsächlich Menschen beratend zur Seite stehen dürfen. Ein kompetenter Therapeut ist Gold wert. Er hilft dem Menschen sich selbst besser zu verstehen.

Die Psyche ist die Summe aller geistigen Eigenschaften und Persönlichkeitsmerkmale des Menschen. Erleben wir eine traumatische Erfahrung, dann ist die Psyche angegriffen, verletzt und somit gestört. Ist dies der Fall, dann ist auch das Energiesystem unseres Körpers betroffen. Alles ist miteinander verwoben und somit nicht sinnvoll voneinander zu trennen. Bei schwerwiegenden Traumata braucht der Mensch oft professionelle Hilfe. Man mag vieles in Selbstreflektion bearbeiten können, doch manches übersteigt unsere Kräfte. In diesen Fällen ist der Gang zum Therapeuten angezeigt.

Ein versierter Therapeut wird seinen Patienten immer dazu anspornen, selbstständig zu denken und die Eigenverantwortung zu übernehmen. Er hilft dem Patienten, sich in die eigene innere Tiefe vorzuwagen und sich zu erforschen. Dabei hat er ein ausgezeichnetes Ohr für Zwischentöne. Ein guter Therapeut trägt zur Heilung des inneren Systems bei und rettet so manchen vor noch tieferen Abgründen.

Bedauerlicherweise ist es in der heutigen Zeit so, dass mehr und mehr Menschen an der Psyche erkranken und Hilfe suchen, so auch Kinder. Die Zahl derer ist erschreckend und die Tendenz ist leider weiterhin steigend. Diese traurige Entwicklung liegt unter anderem auch darin begründet, dass die Menschen über Jahrhunderte dazu angehalten und erzogen wurden, ein „Einzelkämpferdasein" zu leben, anstatt

Gemeinschaft zu pflegen. Die Gesellschaft mit ihren technischen Neuerungen und ihrem ausgeprägten Konkurrenzdenken hat den Menschen immer weiter vom *Wir* entfernt. Das *Ich* steht im Vordergrund und im Fokus des Denkens. So geht das Leben immer mehr an den wahren Werten und Bedürfnissen des Menschen vorbei. Das ist erschreckend und bedenklich, denn das Fehlen sozialer Kontakte lässt den Menschen psychisch erkranken. Bei Sträflingen, die ihre Zeit in längerer Einzelhaft verbringen müssen, ist dies zu beobachten. Wir bauen uns also mehr und mehr unser eigenes Gefängnis, indem wir uns abschotten. Die Folge davon ist, dass unsere Selbstwahrnehmung empfindlich gestört wird, denn wir Menschen brauchen einander für ein gesundes und erfülltes Leben. Doch kommen wir zur Psychiatrie, die ebenfalls das psychische Wohl des Patienten im Blick hat. Bedauerlicherweise verhält es sich so, dass die moderne Psychiatrie – gerade bei schweren psychischen Krankheitsfeldern – vielfach auf Medikamente zurückgreift, welche die Sinne des Patienten vernebeln und umnachten. Natürlich geht es einem Patienten, der Psychopharmaka bekommt besser. Die eigentliche, zugrunde liegende Problematik ist in dieser Weise jedoch nicht zu beheben. Zur Lösung der Traumata tragen Medikamente wenig bei. Dennoch sind Arzneimittel, die auf die Psyche wirken mitunter angebracht und man sollte sie nicht in Bausch und Bogen ablehnen. Hier muss man den Härtegrad und die individuelle Situation prüfen. Nur der allzu rasche Griff zum Psychopharmaka sollte gründlich überdacht werden.

Was ich im Zusammenhang mit der Psychiatrie noch anführen möchte ist, dass manches Krankheitsbild, wie etwa die Schizophrenie, nicht unbedingt eine Erkrankung der Psyche sein muss. Wie bereits erwähnt, kann es sich auch um eine Besetzung handeln. Dies kann dann der Fall sein, wenn der Patient Merkmale aufweist, die nicht seinem eigenen Wesen entsprechen, sodass man ihn kaum wieder erkennt. Ebenso möglich ist, dass er Stimmen hört, die ihm sagen, was er tun soll und die ihm Befehle erteilen. Doch nicht jeder Besetzte ist schizophren und nicht jeder Patient hat eine psychische Störung, manchmal ist es eben eine Anhaftung.

Die Angst vor dem Versagen

Versagensangst entspringt einer Programmierung, die wir uns in unserer frühen Prägungsphase zu eigen gemacht haben. Wir alle haben diese Glaubensätze, die uns das Leben schwer machen. Es gibt unzählige solcher Glaubenssätze, die sich in unser Unterbewusstsein eingebrannt haben.

Der kindliche Persönlichkeitsanteil in uns, das innere Kind also, ist ein Persönlichkeitsanteil der uns unbewusst stets und ständig lenkt. Es hat tatsächlich enormen Einfluss auf unsere Wirklichkeit. Wie ich schon erwähnt habe, wird ein Kind immer nur sich selbst infrage stellen und niemals seine Eltern. Dies liegt in der kindlichen Natur begründet. Es nimmt also eine abschätzende, abwertende Aussage immer als einen Makel an sich selbst an. Das Kind glaubt diese Aussagen und nimmt sie als Wahrheiten an.

Das ist natürlich verletzend und das Kind wird alles tun, um diese Wirkungen nicht wieder spüren zu müssen. So wachsen wir heran und werden älter. Diese Glaubenssätze sind jedoch fest in unserem Unterbewusstsein verankert und wir tragen sie durch das Leben.

Von Zeit zu Zeit wird eben einer dieser Glaubenssätze unsanft angestoßen. Das kann beispielsweise durch einen Vorgesetzten geschehen, dessen Ausstrahlung uns an die nörgelnde, missbilligende Mutter erinnert. Sogar eine subtile Geste wie eine hochgezogene Augenbraue – so wie es die Mutter früher tat, als sie geringschätzend auf das Kind herabblickte – genügt. Unverzüglich holt unser Unterbewusstsein dieses schmerzliche Gefühl wieder in uns hoch. Wir fühlen uns klein, ungerecht behandelt, sind verletzt, der Selbstwert – wenn überhaupt vorhanden – knickt ein. Sogleich erleben wir also das gleiche bittere Gefühl, wie in der Kindheit. Um diese schmerzhaften Rückkopplungen zu vermeiden baut der Mensch Schutzmechanismen auf. So entwickelt er sich beispielsweise zum Perfektionisten oder bildet ein Helfersyndrom aus. Dabei sind wir ständig bemüht, unseren Schutz aufrecht zu erhalten, was verständlicherweise unglaublich anstrengend sein kann. Letztlich leiden wir unter diesen Schutzstrategien mehr, als unter dem eigentlichen ursprünglichen Glaubenssatz. Versagensangst kann einen Menschen in besessenen Perfektionismus treiben. Derjenige, der sich ein Helfersyndrom ersucht hat, wird im schlimmsten Falle abhängig von den Menschen, denen er hilft und geht über seine eigene Bilanz hinaus.

Diese Programmierungen aus unserer Kindheit sind Teil unserer Lernaufgaben. Sie zu erkennen und zu lösen verschafft uns einen Einblick in uns selbst. Wir lernen, wie wir beschaffen sind und erkennen, warum andere so handeln wie sie es tun. Schaffen wir es, diese Muster aufzulösen – und das ist ein Prozess, denn wir werden immer wieder in Situationen kommen, in denen andere unseren wunden Punkt treffen – können wir unbeschwerter, ausgeglichener und friedvoller durchs Leben gehen. Wir trauen uns mehr zu und können auch mit einem Scheitern gut umgehen. Dem Scheitern geht der Mut voraus, es versucht zu haben. Alleine diese Tatsache ist ein Schulterklopfen wert, unabhängig vom Ausgang.

Gefühle und Emotionen

Manchmal sind wir uns gar nicht darüber im Klaren, wie entscheidend Emotionen in unserem Leben sind, doch möchte ich im Vorhinein die Begriffe Emotion und Gefühl definieren.

Mit den Emotionen ist der gesamte Überbegriff gemeint, der das Erleben und Erfahren erfasst. Wir sind emotional und reagieren auf unsere Emotionalität mit Tränen oder Lachen, also mit körperlichen Reaktionen. Mit unseren Gefühlen ordnen wir die Emotion ein in Wut, Trauer, Schmerz, Liebe, Glück und viele mehr.

Gefühle ermöglichen uns, das auszudrücken, was in uns vorgeht. Für ein gesundes und erfülltes Leben ist es unabdingbar, seine Gemütsbewegungen zuzulassen. Bedauerlicherweise gibt es viele Menschen, die ihre Gefühle aufgrund traumatischer Erlebnisse abgeschaltet haben. Aus Angst vor weiteren Verletzungen blockieren sie ihre Gefühle und deren Ausdruck.

Gefühle sind in unserem Körpersystem eingebunden und gehören zu unserem Kreislauf dazu. Empfinden wir negative Gefühle wie Wut oder Angst, dann reagiert unser Körper und schüttet Stresshormone aus. Dabei unterscheidet der Körper *nicht* zwischen tatsächlich erfahrenem Schmerz und der Erinnerung daran. Die Empfindung des Körpers von Schmerz ist vom eigentlichen Geschehen unabhängig. Das bedeutet also, stoßen wir in unserem System die Erinnerung an Schmerz – der möglicherweise schon Jahre zurück liegt an – erfährt der Körper erneut den damit verbundenen Stress und den Hormonausstoß. Wenn wir den Schmerz immer wieder durchleben und unserem Körper stets diese negative Erfahrung zumuten, dann steigt die Wahrscheinlichkeit, dass wir erkranken. Ist ein Mensch stetig in der Opferhaltung und lebt seinen Schmerz täglich aufs Neue, so kann das weitreichende Folgen für das Körpersystem haben. Ich möchte ausdrücklich betonen, dass es mir fern liegt, die Wirkungen traumatischer Erfahrungen zu schmälern oder gar zu bewerten. Der Begriff „Opferhaltung" geht oftmals mit einer abfälligen Bewertung einher, dies liegt jedoch in keinem Fall in meinem Sinne.

Vielmehr möchte ich die entscheidende Bedeutung einer positiven Ausrichtung im Leben verdeutlichen. Ist diese nicht gegeben – aus welchen Gründen auch immer – so liegt es doch allzeit in unserer Macht, einen inneren Richtungswechsel vorzunehmen und uns zu heilen.

Positive Gefühle, wie Liebe, Glück oder Erfüllung sind ausgesprochen gesund und das ist wörtlich zu nehmen. Ein glücklicher Mensch wird weniger häufig erkranken. Dies verdanken wir dem Umstand, dass unser Körper im Gefühl einer positiven Emotion Glückshormone ausschüttet. Wenn wir uns nur vier Tage in Folge einfühlen in positive Gefühlszustände, so erhöhen wir damit nachweisbar unseren Immunglobin A Wert. Das stärkt unser Immunsystem.

Überdies ist es für unseren Wachstumsprozess wichtig, unsere Gefühle zuzulassen. Die Aussage „was man fühlt kann man heilen", greift hier in seiner gesamten Konsequenz. Eine geheilte und damit glückliche Emotion schenkt uns nicht nur Kraft, sondern auch Frieden.

Biologische Zwillinge

Zwillinge haben zumeist eine sehr enge Verbindung im Leben. Es ist gerade so, als ob sie – bei Eineiigen nicht nur vom Aussehen her – auch vom Wesen her sehr ähnlich sind. Sie sind so eng miteinander verbunden, dass sie sich im Leben kaum und nur schwerlich trennen können. Dazu muss man sich vor Augen halten, dass sie bereits als Seelen zusammen denselben Wiedergeburtsvorgang und auch die Zeugung gemeinsam erlebt haben. Auch das Erleben im Mutterleib ist für beide gleich. Zwillinge sind Menschen, die auch im späteren Leben meist nicht alleine sein wollen.

Umso traumatischer ist es, wenn ein Zwilling bereits im Mutterleib wählt, wieder umzudrehen und nach Hause zurück zu kehren. Von fünf Menschen haben drei einen Zwilling. Viele wissen es nicht, zumeist weiß nicht einmal die Mutter davon. So haben nicht wenige Menschen im Erwachsenenleben ein Problem, weil etwas „fehlt" ohne dass sie dieses Manko definieren und einordnen könnten. Hier finden wir Menschen, die das Leben als Last empfinden, die sich keine Daseinsberechtigung zugestehen. So jemand findet sich im Leben schlecht zurecht, weil es ihn unbewusst umtreibt, dass er doch lebt während der andere gehen musste. Der Verlust einer geliebten Seele ist im Mutterleib genauso schmerzhaft wie im späteren Leben. Der Unterschied ist, dass wir uns im Tagesbewusstsein nicht daran erinnern können. Viele spüren es jedoch intuitiv und so kann man auf Ursachenforschung gehen und letztlich den Fehlenden, Vermissten in die Familie und so in sein Leben integrieren.

Wir haben von den geistigen Attributen gehört. Bei Zwillingen ist das sehr viel ausgeprägter, als bei zwei Einzelpersonen, denn beide haben oft die gleichen Talente. Diese Gleichheit geht soweit, als dass sie schon wissen, was der andere sagen möchte, bevor er es ausgesprochen hat. Dieses Phänomen gibt es bei anderen Menschen natürlich auch, aber bei Zwillingen finden wir es eben vermehrt. In gewisser Weise könnte man sagen, dass Zwillinge das Gefühl der Trennung nicht so sehr erleben, wie andere Menschen, weil sie sich gegenseitig haben. Wir wissen, dass wir nie von der Schöpfung getrennt sind, obwohl es vielen so erscheint. Bei Zwillingen ist das weniger der Fall, denn sie leben eine einzigartige Art der Gemeinschaft, die auch nur sie erfahren können.

Die Schattenseite dieser gewählten Daseinsform ist, dass es leicht zu einem Konkurrenzkampf zwischen den Geschwistern kommen kann. Hier liegen selbstverständlich Prägungen in frühester Kindheit zugrunde. Wurde ein Kind bevorzugt, dann wird das andere Kind immer fleißig und bestrebt sein, sich zu beweisen. Ein Glaubenssatz ist geboren und wir wissen, wohin diese führen können. Gleichzeitig entsteht ein gewisser Groll dem Geschwisterchen gegenüber. Hier wird Wettbewerb zum Lebensinhalt.

Eine weitere unangenehme Seite ist die Eifersucht. Möglicherweise erreicht der eine Zwilling, was dem anderen nicht gelingt und so entsteht eine Situation von Neid oder Eifersucht. Der Eifersucht liegt immer mangelnde Selbstliebe zugrunde. Eifersuchtsgefühle entstehen wiederum durch Prägungen. So sind Zwillinge vom Spiel der Erfahrungen keineswegs ausgenommen. Es kann vorkommen, dass sich Zwillinge als Einzelperson nur schwer definieren können. Durch die Ähnlichkeit kann es für sie schwierig sein, ihre eigene, persönliche Identität klar auszumachen. So findet eine Orientierung immer am anderen statt. Das kann in wirklich ausgeprägten Fällen zum vollkommenen Identitätsverlust führen. Die Folge davon ist eine tatsächliche Störung der Psyche.

Das Unterbewusstsein

Das Unterbewusstsein kann man gut mit dem Bild eines Eisbergs vergleichen. Über der Wasseroberfläche sehen wir etwa 2% des Eises, unter Wasser liegen die restlichen 98%, dem Auge verborgen. Es ist sozusagen unser Keller, das Untergeschoss.
Dennoch wirkt das Unterbewusstsein in unserem täglichen Leben massiv auf uns ein. Dort finden wir alles, was wir so angehäuft haben an Glaubensmustern, Programmierungen, Traumata, karmische Themen, Motive und Erinnerungen.
Ein Trauma beispielsweise kann so tatsächlich in Vergessenheit geraten, vergessen im Tagesbewusstsein, vergraben im Unterbewusstsein. Es ist unsere eigene Chronik, alles ist gespeichert und so handeln wir zu 95% aus dem Unterbewusstsein heraus. Unsere Körpersprache, unsere Gestik, alles verläuft unbewusst und doch kommunizieren wir damit. Es nimmt also maßgeblich Einfluss auf unser Denken, Fühlen und Handeln.
Dieser Bereich unseres Bewusstseins ist uns nur bedingt zugänglich. Wir können nicht einfach „den Deckel öffnen" und uns beliebig bedienen. Selbstverständlich sind wir bestrebt, all unsere Bewusstseinsschichten zu erforschen. Gerade auch, wenn wir sehr unter einem Trauma leiden ist es unser Wunsch, dahin zu kommen um es zu heilen. Tatsächlich gibt es viele Möglichkeiten unser Unterbewusstsein zu ergründen. Das ist in Therapien, Meditationen oder Trancen möglich. Wir erweitern dann unser Bewusstsein und können – eine Weile zumindest – in die Tiefe eintauchen. Wir können die Ursachen unserer Themen hervorholen um sie zu bearbeiten. So ist das Unterbewusstsein ein Speicher für all das, was wir vergessen, was wir nicht sehen wollen. In gewisser Weise übt es damit einen Schutz für uns aus, um uns in dieser Weise Überforderung zu ersparen. Das Ego hat durchaus Zugang zum Unterbewusstsein und weiß, was wir dort verborgen haben. Die gute Nachricht ist, dass hier nichts verloren geht. Alles bleibt dort gespeichert.

Dennoch erfassen wir nur einen kleinen Teil des großen Mysteriums Unterbewusstsein. Ich bezeichne es gerne so, denn auch hier sind dem Menschen noch Grenzen gesetzt und das ist gut so. Man stelle sich nur einmal vor, man würde von einem Augenblick zum nächsten auf alles zugreifen können, was dort gespeichert ist. Das wäre eine völlige Systemüberlastung, die geistig nicht zu bewältigen wäre.

Das Unterbewusstsein ist ein Geschenk. Müssten wir alles sofort bearbeiten, zerdenken und lösen, dann wären wir völlig überfordert. So verrichtet es seinen Dienst im Sinne des Inkarnationsgeschehens, denn nur was wir auflösen und in die Heilung bringen können, wird dort erlöst und wir tragen es nicht mehr mit.

4. Teil

Unsere Mitgeschöpfe

„Der Tod ist seelisch ebenso wichtig
wie die Geburt
und wie diese ein
integrierender Bestandteil des Lebens.“

Carl Gustav Jung

Die Seele der Tiere

Tiere kommen zu uns, weil sie bestimmte Aufgaben haben. So ist es die Hauptaufgabe von Hunden – wie man unschwer erkennen kann – uns die bedingungslose Liebe näherzubringen. Katzen sind Meister der Selbstfürsorge und zeigen uns auf, wie es geht. Sie nehmen sich, was sie selbst brauchen, dabei schmeicheln sie nicht. Überdies haben Katzen Heilkräfte. Geht es dem Menschen nicht gut, legt sich die Katze gerne auf die besagte Körperstelle. Ich wähle diese beiden Tiere, weil sie die häufigsten Haustiere sind.

Soweit zu den augenfälligsten Eigenschaften, die wir alle wahrnehmen können. Unsere Tiere tun jedoch wesentlich mehr für uns. Während Hunde immer Schlafplätze wählen, die störungsfrei sind, legen sich Katzen gerne auf Störfelder. Katzen sind Energiewandler, sie können negative Energien verwandeln. Im alten Ägypten wurden sie ob ihrer spirituellen Kräfte als Götter verehrt und angebetet.

Hunde werden als Blinden- oder Rettungshunde ausgebildet, sogar für Menschen mit Epilepsie. Der Hund spürt, wann der Krampfanfall kommt, noch bevor der Mensch es tut. Wenn das keine heilkräftigen spirituellen Wesen sind! Nicht umsonst werden Tiere also als Therapeuten eingesetzt, so auch Pferde, die emotional überaus feinfühlig sind. Das Pferd spürt die jeweilige Befindlichkeit des Menschen und spiegelt sie unmittelbar. Pferde werden häufig eingesetzt für Behinderte oder Kinder, die in Heimen leben müssen und dort ihre Traumata bewältigen dürfen. Pferde sind ihnen dabei in sehr förderlicher Weise behilflich. Tiere sind also wahrlich Wesen, die uns Lektionen erteilen und heilsam auf uns einwirken.

Die Seelen unserer tierischen Begleiter wechseln nach ihrem Tode ebenso in die andere Ebene und so mancher Verstorbene wird nach dem Übergang mit überschwänglicher Freude von seinem früheren Haustier empfangen. So wie man einen Nachtodkontakt mit einem menschlichen Verstorbenen aufnehmen kann, so kann man ihn auch mit seinem ehemaligen Tier herstellen. Weil sie sich – genauso wie unsere Ahnen oder andere Verstorbene – gerne in unserem Energiefeld zeigen, sind sie liebend gerne redebereit. Tierkommunikatoren, also Medien für Tiere, können ebenfalls Kontakt mit noch lebenden Tieren aufnehmen. Selbstverständlich werden Tiere ebenso wiedergeboren und so mancher Tierbesitzer erkennt sein verstorbenes Tier in dem neuen Mitbewohner wieder.

Hunde und Katzen können Geistwesen sehen. Das sind dann die Momente, in denen die Katze plötzlich fauchend aufspringt oder der Hund anfängt, jemand für uns Imaginären anzubellen. Katzen und Hunde sind sehr viel sensitiver als wir Menschen und sehen Energien, die unserem Blick verborgen bleiben, so auch Verstorbene. Je nach dem Wesen und Temperament des Tieres, kann ihm diese Wahrnehmung von Geistwesen auch Angst machen oder es zumindest irritieren und verunsichern. Manchmal wissen die Tiere einfach nicht, was sie davon halten sollen und wie damit umzugehen ist. Ist es etwas sehr Fremdartiges, kann das für unseren tierischen Freund schon recht beängstigend sein. Für uns Menschen ist dieses Phänomen ein Zeichen dafür, dass wir unserem Gefühl, etwas oder jemand ist noch mit uns im Raum, durchaus vertrauen dürfen. Wenn wir feinfühlig und bewusst mit diesem Wissen umgehen, kann es tatsächlich bereichernd sein. Auf keinen Fall sollten wir in Angst verfallen. Eine Präsenz im Raum und die Reaktion des Tieres ist keinesfalls ein Indiz dafür, dass es etwas Negatives oder gar Dämonisches ist. Vielleicht ist es ja der geliebte Großvater, der nach dem Rechten schauen will.

Die Aufgaben, die jedes Tier mitbringt, das wir uns ins Haus holen sind unterschiedlich. Manche kommen für das Kind, manche nur für die Frau oder den Mann. Das Wissen über die Hintergründe ihrer Anwesenheit geht zumeist an uns vorbei. Unsere tierischen Freunde sind liebliche und empfindsame Geschöpfe mit zarten Seelen. Sie sind in unserer Obhut und unsere Schutzbefohlenen, daher dürfen wir unseren

Umgang mit ihnen gerne überdenken. Den Tieren eine Seele abzusprechen und sie als „Sache“ einzuordnen, ist ausgesprochen schöpfungsverachtend und respektlos.

Bedrohte Tiere und Pflanzen

Genauso wie wir Menschen, so kommen auch Tiere von anderen Planeten. Delphine und Wale beispielsweise stammen von Sirius. Rinder und Pferde kommen von einem Stern des Sirius, Schafe von den Plejaden, Katzen und Ziegen vom Orion und Hunde von Canis Mayor. Das zeigt und verdeutlicht, dass sie mit den verschiedensten Aufgabenstellungen zu uns kommen.

Jede Gruppe der Tierwesen verfolgt eine gewisse Aufgabe, aber wie bereits oben erwähnt, kommt das Tier immer für eine bestimmte einzelne Person in unser Haus. Die Aufgabe der Art der Ziegen beispielsweise ist – man mag es kaum glauben – uns Lektionen in Erleuchtung zu erteilen. Bienen, von den Plejaden stammend, lehren uns die Anwendung der Heiligen Geometrie und Pferde können telepathisch kommunizieren.

Stirbt ein Tier aus, so bedeutet das, dass der Seelenstamm dieser Tierart auf ihren Heimatplaneten zurückkehrt. Ob es jemals auf die Erde zurückkommt kann man nicht sagen. Möglich ist es dann, wenn sich die Energien und die Bewohner des Planeten so verändert haben, dass der spezielle Seelenstamm seine Aufgabe erneut aufnimmt.

Bei den Pflanzenarten verhält es sich ähnlich. Pflanzen sind ebenso beseelt, doch ist die Schwingung noch einmal eine ganz andere, als die des Tieres. Eine Pflanzenart hat ebenfalls ihren Seelenstamm und manchmal ist es eben so, dass dieser Seelenstamm geht. Wer abstreitet, dass Pflanzen eine Seele haben, der nehme nur einmal das Beispiel, wenn im Garten spontan das wächst, was der Hausbewohner gerade braucht. Ist der Mensch vielleicht erkrankt, so wächst wie von Zauberhand plötzlich das richtige Kraut in dessen Garten. Außerdem wissen wir, dass ein liebevoller Umgang mit den Pflanzen in Haus und Garten ihr Wachstum und Gedeihen fördert. Pflanzen reagieren nachweisbar auf menschliche Ansprache, sie sprechen auf schöne Musik an und singen tatsächlich mit. Dies ist wissenschaftlich erwiesen. Übrigens möchte ich noch anmerken,

dass wenn eine Pflanze stirbt, die Seele des Gewächses ebenfalls einen Übergang erlebt. Wird also beispielsweise ein Baum gefällt, dann wechselt er in eine andere Ebene. Wie könnte es bei beseelten Lebewesen anders von statten gehen?
Dann möchte ich an dieser Stelle auch noch kurz auf die Steine zu sprechen kommen. Steine sind ebenfalls beseelt. Steine können nicht aussterben. Ein Stein ist ein Stein und sie werden uralt. Wohl werden sie gezeichnet durch Wind und Wetter, doch sie bleiben. Sie haben eine sehr viel dichtere Energie als Tiere oder Pflanzen, aber auch mit ihnen kann man in Kommunikation treten, genauso wie mit Tieren und Pflanzen. Was beseelt ist, hat auch eine Stimme.

Krafttiere

Die Menschen der indigenen Völker lebten und leben noch sehr im Verbund mit der Natur. Auch unsere Vorfahren, die Kelten standen der Natur sehr nahe. Überall gaben es Stämme, die in diesem Urglauben an die Naturgeister und die Bewohner der Natur, sowie auch die großen Geister in der oberen Welt verankert waren. Das zog sich über den ganzen Erdball. Denken wir an die Aborigines, die nord- und südamerikanischen Indianer, die sibirischen und mongolischen Völker oder auch an die Stämme in Afrika, um nur einige zu nennen. Alle hatten, unabhängig voneinander, im Grunde doch denselben Glauben, wenn auch mit verschiedenen Definitionen und Begriffen. Die Menschen kannten die Tiere, die in ihrer Heimat lebten ganz genau. Sie wussten alles über deren Verhalten. Die Menschen beobachteten, wie sie lebten, was sie mochten oder wovor sie Angst hatten. Diese Volksstämme waren so eng mit ihren Tieren verbunden, dass sie Teil von ihnen und deren Welt waren. Der Mensch war nicht abgekapselt, sondern sozusagen mittendrin. So ist es nur natürlich, dass die Menschen auch die Tiergeister kannten. Die Magie der Tiergeister war Teil ihres spirituellen Lebens. Die Menschen konnten sich mit der Energie des Tieres verbinden und sie zu ihrer Hilfe nutzen, denn sie sahen im Tier ihren großen Lehrmeister.

Nun gibt es Techniken und Formen der Meditation, in welchen wir heute ebenfalls Tiergeister kontaktieren und sie als unsere Helfer zu uns einladen können. So haben die Schamanen immer tierische Begleiter. Jeder Mensch hat mehrere Krafttiere an seiner Seite. Wie auch bei den Geistführern der Fall, so können Krafttiere ebenso den Weg zu uns finden um uns in einer bestimmten Lebensphase zu unterstützen.

Es gibt Menschen, die sich zu dieser Art der Spiritualität stark hingezogen fühlen und, anstatt beispielsweise mit Engeln, eben mit Krafttieren arbeiten. Dabei stellt das Krafttier seine Eigenschaften als Tiergeist zur

Verfügung. In dieser Weise lehrt und führt uns dann der Geist dieser Tiergattung.
Wenn dir also beim Spaziergang immer wieder dasselbe Tier begegnet oder wenn du in anderer Weise immer mal wieder auf ein bestimmtes Tier aufmerksam wirst, dann könnte es sein, dass dein Krafttier dich kontaktieren möchte, um dir etwas mitzuteilen. Krafttiere sind geistige Helfer, die uns gerne zur Verfügung stehen, um uns zu begleiten, zumindest ein Stück unseres Weges.

5. Teil

Die Seele im Jenseits

„Wenn wir das Leben lieben, sollten wir den Tod nicht fürchten, denn er kommt aus derselben Hand."

Unbekannt

Traumaheilung im Jenseits

Wir nehmen unsere Lebenslektionen, so sie denn nicht im Irdischen überwunden und gelöst sind, wieder mit in nächste Leben. Dennoch gibt es die Möglichkeit, eine Erfahrung – in Absprache mit der Seelenfamilie – auch in der geistigen Ebene zu erlösen.

Nach dem Übergang wird die Seele empfangen im Licht. Die Qualität der Energie auf dieser Ebene ist wie eine Dusche mit Desinfektion, so möchte ich sagen. Du erkennst, dass du alles von dir abfallen und erlösen lassen kannst, was du gehen lassen möchtest. Es ist nicht etwa so, dass ein Lichtwesen dort steht und dich unterrichtet oder dich einweist. Selbstverständlich sind Lichtwesen dort, die dir behilflich sind und dich führen. Doch in dem Augenblick *weiß* die Seele und spürt die Gnade und Allmacht. Der Mensch stellt sich alles strukturiert und nach Plan oder Vorgaben vor. Doch dort ist es nicht so. Du wirst empfangen von Liebe. Was also könnte anderes zu tun sein, als sich dort einfach hinein zu begeben, sich fallen zu lassen in dieses Feld der Leerung und Reinigung.

Jedoch ist es jeder Seele vorbehalten, welche Informationen ihres Energiesystems sie mit in die nächste Inkarnation nehmen möchte. Und so geschieht es eben oft, dass alte Speicherungen wieder mitgenommen werden um sie im Irdischen erneut zu erfahren und – im besten Falle – zu erkennen und zu heilen. Dieser Heilungsprozess im Irdischen ist eine Erfahrung, wie sie nur auf Erden in dieser Weise erlebt werden kann. Die Qualität ist eine andere.

Das zeigt uns also, dass es der Wille der Seele ist, ob und was sie wieder an Erfahrungen mit auf die nächste Reise nehmen möchte und was – wie gesagt, im Einverständnis mit der Seelenfamilie – in der jenseitigen Welt erlöst werden darf. Das hat nichts mit Versagen, Kapitulation oder es „sich einfach machen“ zu tun. Betrachten wir das anhand des Beispiels unseres Vaters, den wir bereits an anderer Stelle kennen gelernt haben:

Die Seele dieses Vaters hat sich womöglich bereits viele Male aus Liebe als Erfahrungsgeber zur Verfügung gestellt. Aus Liebe zu ihm verzichten wir selbst nun auf eine weitere solche Erfahrung. Vielleicht auch, weil wir neue Erlebnisse und Lernaufgaben angehen möchten. Wir haben dennoch Seelenwachstum genossen, denn schon alleine die Erfahrung als solche dient diesem Zweck. Für die beiden beteiligten Seelen ist es schlichtweg genug. Diese Gegebenheit ist dennoch eher die Ausnahme. In aller Regel haben die Seelen das Wachstumspotenzial für die jeweilige Aufgabe, und wenn es auch mehrere Inkarnationen in Anspruch nimmt. Eine Seele wird sich niemals eine Aufgabe erwählen, die sie nicht irgendwann lösen kann. Die wahrhaftige Tragweite der Herausforderung und Lernaufgabe wird der Seele erst im Jenseits bewusst. Nur hier kann sie also kompetent entscheiden, wie sie weitermacht. Wir dürfen nicht vergessen: Eine Seele ist stets getragen durch die Allmacht der Schöpfung und eingebettet in der Liebe, sie ist Liebe als solches. Aufgrund dieser Tatsache gibt es keinerlei Bewertung oder Urteil über vermeintlich nicht bestandene Prüfungen. Und so handelt die Seele immer und ausschließlich aus ihrem Liebesbewusstsein heraus und kann somit nie falsch liegen. Das ist ganz und gar unmöglich. Eine Seele irrt sich nicht.

Reue, Scham und Schuldgefühle

Im Jenseits gibt es keine negativen Gefühle und auch keine Wertung. Es wäre auch nicht sinnvoll, denn die Seele ist *unverletzbar*. Was es sehr wohl gibt, sind Mitgefühl und Anteilnahme. So kann es durchaus geschehen, dass ein Verstorbener bei einem Jenseitskontakt um Gehör ersucht und um Vergebung bittet. Er bittet darum, damit das Feld erlöst ist, in erster Linie für den Angehörigen, denn Vergebung macht frei.
Seelen haben sich nichts vorzuwerfen, denn sie haben ihre Seelenpläne mit ihrer Seelenfamilie aufgrund der Liebe zueinander festgeschrieben. Wer wollte das beurteilen oder bereuen? Glaubst du, dass die Schöpfung irgendetwas bereut, bedauert oder gar vergeudet oder sich Schuld auflädt? Das wäre absurd. Es wäre entgegen der kosmischen Gesetze und würde der gesamten Schöpfungsphilosophie zuwiderlaufen. Schuld ist ein rein menschliches Konstrukt. Wie schon beschrieben, handelt die Seele immer nur aus der Liebe heraus, die sie selbst ist. Wie könnte sie daraus resultierend etwas bereuen oder bedauern? Wir dürfen verstehen lernen, dass im Irdischen oft aus vermeintlicher Liebe gehandelt wird und dennoch können wir beobachten, dass jemand zu Schaden kommt. Nur eine vorgebliche Liebe kann Unheil anrichten. Hier wird in Wahrheit aus dem Ego heraus agiert und die Geschichte lehrt uns, wohin „gut gemeinte“ Motive führen können. Das ist jedoch nicht vergleichbar mit der Qualität der Liebe in den jenseitigen Welten, wenn ich das so ausdrücken darf. Die Liebe in den jenseitigen Welten ist rein, bedingungs- und absichtslos. Es ist teilweise mit unseren Worten nicht so einfach zu beschreiben, wenn nicht gar unmöglich.
In der Wahrnehmung und der Empfindung des Menschen gibt es einen erheblichen Unterschied zwischen der Liebe, die die Menschen gemeinhin als die Liebe erkennen und der Liebe aus der wir geschaffen sind, der Liebe, die in den lichten Welten strahlt.

Ich möchte die Liebe an sich *nicht* einteilen in besser, höher oder überdimensional. Dergleichen liegt mir fern, doch wenn der Mensch auch nur im Ansatz Zugang zu der Liebe finden kann, die er *ist*, könnte er einen Eindruck dessen gewinnen, wie unbeschreiblich groß, rein und mächtig diese Liebesenergie ist. Der Mensch wird wiedergeboren mit einem Schleier des Vergessens und deshalb leidet er unter Trennung. Diese Trennung ist jedoch Illusion, denn wir sind *niemals* getrennt. Wir sind weder von der lichten Welt isoliert, noch von der Allmacht der Liebe.
Wenn auf Erden diese Liebe gelebt werden könnte, würden Konzepte wie Schuld und Reue bedeutungslos. Im gesamten Inkarnationsspiel geht es letztlich ausschließlich um ein Wiedererkennen und um die Rückkehr zu dieser Allmacht. Die Seele erfährt Wachstum und rückt so diesem Liebesbewusstsein immer näher. Gelingt ihr das auf Erden, nennt man sie erleuchtet. Ich möchte noch ein wenig auf das Konzept Schuld auf Erden eingehen. Jahrhunderte lang hat die Kirche erklärt, dass wir die Schuld der Erbsünde in uns tragen. Derlei Abwegigkeiten sind auch in diesen Zeiten längst nicht ausgemerzt und es gibt tatsächlich Menschen, die sich diese Last der Erbsünde aufbürden.
Schuld wird uns von Kindheit an suggeriert und eingeredet. Wie also soll der Mensch reagieren, wenn er damit konfrontiert wird? Wir leben auf der Welt in der Dualität. Sie ist ein Geschenk, ohne sie könnten wir uns nicht erfahren. Und auf Erden fühlt man die Auswirkungen von Schuld. Man fühlt sich elend, ist bedrückt und verzweifelt. Schuld ist ein immens großes Feld für jeden Einzelnen, so auch das kollektive Feld der Schuld in der Welt. Wer sich einmal große Schuld aufgeladen hat – und damit auch Karma – trägt sie wohl sein ganzes Leben mit sich.
Wir können in unserer irdischen Wiedergeburt jedoch daran arbeiten und uns immer wieder und ehrlich vergeben. Dafür gibt es entsprechende Gebete. Darüber hinaus können wir uns daran erinnern, dass wir aus Absprachen heraus so gehandelt haben. Die Wunde in uns darf heilen und wenn es nur so geht, dass wir im nächsten Leben in umgekehrter Weise die gleiche Erfahrung machen.

Dem nicht genug, bürden wir uns oftmals noch die Schuld anderer auf oder lassen zu, dass sie bei uns abgeladen wird. Wir sind so verwirrt, dass wir uns an die Schuld anderer binden lassen. Hier dürfen wir eine feine Sensibilität entwickeln und der Versuchung widerstehen. Selbst Jesus Christus hat in seinem aramäischen Gebet, dem Gebet der Gebete, bei uns bekannt als Vater Unser, die Schuld erwähnt. Übersetzt man diese heiligen Worte aus dem Aramäischen sagt er: „Hilf uns unsere Bänder zu lösen, die mich mit der Schuld anderer verbinden". Er betrachtete dies in einem solchen Gebet also wichtig zu erwähnen. Übrigens hat das aramäische Gebet wenig mit dem deutschen Vater Unser gemein, das sei gesagt. Auch hier wurden seine Worte „zurechtgebogen". Wie wir handeln, sprechen oder welche Entscheidungen wir treffen ist die eine Sache, wie andere darauf reagieren, ist deren und eine andere Sache. Dabei sei hier doch auch an Achtsamkeit und Respekt erinnert.
Schuld macht uns schwer, weil sie uns Felsen auflädt. Die einzige Kraft, die dies sprengen kann, ist die Vergebung. Vergebung ist nur möglich, wenn man liebt. So sehen wir, dass die Liebe erneut letztlich die Heilerin ist.
Ein weiterer Punkt, der mir am Herzen liegt, ist die Scham.
Scham ist – ich sagte es schon – eines unserer Urtraumata. Im Gegensatz zur Schuld, bei der wir sagen „Ich habe etwas Schlechtes getan", sagen wir bei der Scham „Ich bin ein schlechter Mensch". Wir fügen der Schuld also noch eines hinzu und Letzteres ist für unsere Psyche und unsere Eigenliebe noch verheerender.
Die Scham, von der ich spreche, hat nichts mit einem natürlichen Schamgefühl zu tun, wenn man sich beispielsweise nicht unbekleidet am Strand zeigen möchte. Jeder kann sich die Grenze seiner Intimität selbst setzen und diese sollte auch respektiert werden. Ich erwähne das deshalb, weil es in vielen Selbsterfahrungskursen oft darum geht, sich selbst über die eigenen Grenzen hinaus intim zu zeigen um seine Scham zu überwinden. Das hat nichts mit dem Urtrauma Scham zu tun und auf diese Weise wird es auch sicherlich keine Heilung erfahren.

Die Art der Scham um die es mir geht, hat ausschließlich damit zu tun, dass man sich als schlechten Menschen wahrnimmt und sich letztlich selbst ablehnt. Dieser Mensch ist wahrhaft weit entfernt vom Liebesbewusstsein und kann die Eigenliebe nicht einmal im Ansatz spüren. Da wir uns diese Sicht auf uns selbst erwählen ist es schon eine schwierige Aufgabe, uns zu heilen, denn auch dies können wir nur selbst bewerkstelligen. Das ist immer ein herausfordernder und zeitintensiver Prozess. Das Urtrauma der Scham zu kippen ist mühsam und es wird deutlich, warum wir es Urtrauma nennen. Es reicht in Ebenen hinein, die sehr tief, bis zum Urgrund gehen. Ich möchte sagen, dass die Scham – ist sie denn ausgeprägt – nur dann in einer Inkarnation zu erlösen ist, wenn man sich früh damit auseinandersetzt und konsequent an sich arbeitet. Jedenfalls ist es schon eine außerordentliche Lernaufgabe, das sei herausgestellt. Ein Urtrauma ist ein Trauma, das sehr früh, also in der Prägungsphase des Menschen entsteht und das ein gewisses Alter hat. Ein Urtrauma ziehen wir durch viele Inkarnationen hindurch mit. Es ist ein Trauma, dass wirklich tief in uns verankert ist und das sich in vielerlei Gesichtern zeigen kann, ohne dass es uns tatsächlich bewusst ist. Ein weiteres Urtrauma kann ein Geburtstrauma sein. Hier spielen natürlich die Umstände eine Rolle. Begegnet ein Elternteil oder sogar beide dem Kinde mit Ablehnung? Ist es eine schwierige Geburt, die mit großem Schmerz verbunden ist? Ist die Mutter bei der Geburt zu Tode gekommen? Allein das mitunter mechanische Behandeln des Säuglings nach der Geburt durch das Krankenhauspersonal kann bereits ein Geburtstrauma auslösen. All diese Faktoren spielen eine Rolle und sind Auslöser für mangelndes Urvertrauen aufgrund eines Schockerlebnisses. Gerade jetzt wird die wissenschaftliche Erkenntnis öffentlich, dass das Durchtrennen der Nabelschnur erst etwa eine Stunde nach der Entbindung erfolgen sollte. Ein Durchtrennen unmittelbar nach der Niederkunft verschafft dem Neugeborenen Schmerzen. Wir müssen bedenken, dass der Vorgang des Verlassens der Seele bei Tode und der Wiederverbindung einer Seele mit einem Körper Ereignisse sind, die Zeit brauchen.

Das Neugeborene wurde monatelang durch die Nabelschnur versorgt. So können wir gut nachvollziehen, wie es sich für einen Säugling anfühlen mag, wenn diese Verbindung von einer Sekunde auf die andere getrennt wird. Und schließlich ist auch die Erfahrung des Getrenntseins von Gott ein Urtrauma, wenn auch ein illusorisches. Wir wissen, dass dies unmöglich ist, doch macht der Mensch traumatische Erfahrungen, die ihn daran zweifeln lassen.

Persönlichkeitsentwicklung und Seelenwachstum

Im Jenseits gibt es keine Persönlichkeit. Jedenfalls gibt es sie nicht in der Art, wie wir es als Mensch kennen. Es gibt nur Seelen. Diese sind individuell, insofern könnte man den Begriff einer Persönlichkeit noch verwenden. Dennoch bevorzuge ich es, wenn wir von verschiedenen Energien der einzelnen Seelen sprechen, die sich doch unterscheiden.
Das Seelenwachstum erfährt die Seele, die im Inkarnationszyklus ist durch ihre Erfahrungen und Lernaufgaben auf der Erde. Auch wissen wir, dass ein neuer Zyklus für die Seele beginnt, wenn dieser laufende Kreislauf abgeschlossen ist. Dieser neue Ablauf beginnt dann, wenn sich die Seele dafür entscheidet. Für die Seele geht es dann als Geistführer weiter oder in noch weitere Dimensionen. In jedem Zyklus, in dem die Seele sich befindet kann sie Wachstum erreichen. Selbstverständlich steht es der Seele ebenfalls immer frei, auf ihren Heimatplaneten zurückzukehren und dort wieder ihre ursprünglichen Aufgaben aufzunehmen. Es gibt Menschen, die ursprünglich von einem anderen Planeten kommen und hier inkarnieren. Zu einem späteren Zeitpunkt sprechen wir noch von Seelengruppen und -stämmen. So ist es möglich, dass eine Seele, die auf Sirius zuhause ist, dieser Seelengruppe beitritt, weil sie ebenso menschliche Erfahrungen sammeln möchte. Überdies will sie mit ihren gegebenen sirianischen Fähigkeiten die Menschheit unterstützen. So gibt es also Plejader, Sirianer, Arkturianer und Hathoren unter uns, um nur einige zu nennen. Die Plejader beispielsweise sind sehr kreative Menschen, die aus dem Herzen heraus handeln. Ihre Aufgabe ist es, die Seele des Menschen durch ihre ausgeprägte, liebevolle Herzenergie zu berühren. Hathoren haben die Fähigkeit mit Klang zu heilen.
Gerade in diesen Zeiten, die ihr gerade erleben dürft, wird viel von Sternenvölkern gesprochen. Sie sind sozusagen in aller Munde. Das hat einen guten Grund, denn dieses Feld wird gerade erforscht. Viele Abgesandte der Planeten und Sternenvölker sind derzeit hier, um gegen

die Dunkelheit anzukämpfen. Selbst ein nicht spiritueller Mensch wird eine gewisse dunkle Machtstruktur auf Erden erkennen und nicht leugnen können. Aus diesem Grunde haben wir Hilfestellung von diesen Abgesandten, die in Absprache mit den Galaktischen Räten zu unserer Unterstützung ausgesandt werden.

Eine Seele von einem anderen Sternenvolk wird eine andere solche Seele immer erkennen und es ist erstaunlich, wie gleich die Merkmale dieser Menschen sind. Manche Erdbewohner beschäftigen sich Zeit ihres Lebens mit dem Weltall. Das könnte darin begründet sein, dass sie von weiter herkommen und unbewusst dieser Sehnsucht und dem Heimweh nachgeben. Die Frage, ob es also außerirdisches Leben auf unserem Planeten gibt, ist somit beantwortet und hat damit eine neue Bedeutung.

Wir dürfen uns bewusst sein, dass ein Inkarnationszyklus tausende von Jahren umfassen kann. Bei allem, was schon gesagt wurde könnte man den Eindruck gewinnen, dass stets geschäftiges Treiben in der jenseitigen Welt herrscht. Dem ist nicht so. Hier geschieht alles in der zeitlosen Unendlichkeit. Man möge sich einfach einmal vorstellen, dass es keine Zeit auf der Welt gäbe, nur die Ewigkeit. Wie entschleunigt das Leben wohl wäre! Genauso ist es in den lichten Welten.

Zwischen den Inkarnationen

Wie oben schon gesagt, ist Zeit kein Maß in den lichten Ebenen. Der Abstand zwischen den Inkarnationen ist von unterschiedlicher Dauer. Wenn wir eine Zeit aussetzen wollen, so können das gerne einmal ein paar hundert Jahre sein. Es kann aber auch weniger sein, das entscheiden die Seelen. In wenigen Fällen ist es auch so, dass es schnell geht und dass die Seele sofort wieder in dieselbe Seelenfamilie geboren wird.

Es obliegt ausschließlich den Seelen, wann sie erneut inkarnieren möchten. Wir dürfen jedoch eines bedenken: Es dauert eine Weile bis die Seele den Körper verlässt, es dauert eine Weile bis die Seele wieder im Jenseits auf ihre Seelenfamilie trifft und dort wieder völlig integriert ist. Es dauert eine Weile bis die Seele ihre letzte Inkarnation analysiert hat und ihre Lernaufgaben klar überblickt. Und es dauert eine Weile bis der Kern der Seelenfamilie wieder zusammengekommen ist, denn nur weil die eine Seele heimkehrt, kann ja eine andere noch viele weitere Jahre ihr Leben auf Erden weiterleben. So sehen wir also, dass schon einmal eine ganze Zeit vergeht, bis eine „Ausgangsposition" wieder eingenommen ist. Und selbst das heißt nicht, dass sofort wieder in die nächste Inkarnation gesprungen wird.

Die Lebensrückschau betreffend sei schließlich noch anzumerken, dass wir uns das nicht so vorstellen dürfen, wie eine schriftliche Auswertung in Tabellen oder Plänen. Vielmehr ist auch die Lebensanalyse einer Seele eine Art Energieaustausch mit der Seelenfamilie, ein erhöhtes Überblicken des Lebens und voller Liebe. Dazu gehört selbstverständlich auch das Erkennen der Konsequenzen unserer Handlungen. Bei der rückwirkend betrachtenden Sicht unserer Lebensbilanz, erfassen wir gleichzeitig auch die Auswirkungen unserer Entscheidungen, Handlungen und der Art und Weise unseres gelebten Lebens. Wir erkennen die Auswirkungen, sowohl auf uns selbst als auch auf andere, ob wir nun Opfer, Täter oder Retter waren. Wir blicken auf die Wirkung dessen, wofür wir die Ursache waren und zwar für jegliche, die leidvollen wie auch die glückbringenden. Im gleichen Zuge verstehen wir auch die Erfahrungen, die wir selbst gemacht oder aber vermieden haben. Wir haben schon gesagt, dass es dem Willen des Menschen obliegt, ob er eine Lernaufgabe als solche erkennen und auch lösen mag oder nicht. Dies alles geschieht völlig wertfrei. Seelen erleben kein Bedauern oder das Gefühl gescheitert zu sein, weil sie ein Thema im Leben nicht lösen wollten oder konnten. Es ist eben so, wie es ist und es ist immer gut so wie es ist.

Jenseitskontakte

Zwischenmenschliche Konflikte sind, wie der Name schon sagt, menschlich. Es gibt keine Konflikte in der geistigen Welt. Wenn jemand stirbt und ein Angehöriger hat das Bedürfnis noch etwas klären zu wollen mit seinem Verstorbenen, so hat er die schöne Möglichkeit ein Jenseitsmedium aufzusuchen. Dieses wird ihm sagen, dass es eine Weile dauert, bis man nach dem Tode Kontakt aufnehmen kann. Das liegt eben daran, dass die Seele erst einmal wieder ankommen darf und sich wieder „einleben" muss, wenn man das einmal so ausdrücken darf.
Danach kann man gerne versuchen, Unstimmigkeiten oder Konflikte in einem Nachtodkontakt zu lösen. Verstorbene sind sich ihrer Liebe bewusst und so manch einer, der im Leben streng und unnachgiebig war, der vielleicht seinem Kinde keine Liebe zeigen konnte, wird jetzt als Jenseitiger ausdrücken können, wozu er im Leben nicht in der Lage war. So wiederhole ich mich, wenn ich sage, dass ein Jenseitskontakt sehr heilsam sein kann. Für die Angehörigen kann es sehr berührend sein, wenn sie die Möglichkeit haben, über ein Medium mit ihren Verstorbenen zu kommunizieren. Der Kontakt im Leben ist nicht mehr möglich, doch mit der jenseitigen Welt sehr wohl und das ist überaus tröstlich. Manchmal genügt es dabei schon, dass der Hinterbliebene die Sicherheit und das Wissen mitnimmt, dass sein geliebter Jenseitiger um ihn herum ist und dass die Verbindung zwischen ihnen immer noch besteht. Als Mensch ist der Tod für uns etwas Endgültiges, müssen wir unsere Lieben doch vermissen. Wenn wir jedoch über eine Jenseitssitzung erfahren und erleben, dass es immer noch ein Band gibt, wird das Trennungsgefühl aufgehoben oder zumindest abgeschwächt. Hier zeigt sich, wie sehr der Mensch unter Trennung leidet. Ob es nun das Gefühl ist, vom Göttlichen getrennt zu sein oder von einem lieben Verstorbenen, immer ist es ein schmerzliches Gefühl. Doch es beweist einmal mehr, dass Trennung eine Illusion ist, denn wir sind nie getrennt. Von der Liebe gibt es keine Trennung.

Die Wahl unserer Eltern

Unsere Eltern gehören selbstverständlich ebenfalls zu unserem Seelenstamm, unserer Seelenfamilie. Bei der Wahl der Eltern ist es weniger die Frage, welche Kriterien sie erfüllen sollen, als vielmehr die Themenstellung, wer welche Erfahrungen machen möchte.

In Abstimmung dieser Themen wird also festgelegt, wer Vater, Mutter oder Kind ist. So ist es durchaus möglich, dass das Kind in einer früheren Inkarnation der Vater oder die Schwester war. Jede Seele kann alles sein. Die Beziehung untereinander während der Inkarnation ist natürlich unter anderem auch geprägt von der Beziehung, die im Vorleben möglicherweise problematisch war, so denn eine karmische Verstrickung zugrunde liegt. Zwei Seelen, die eine karmische Verstrickung in dem vorherigen Leben gebildet haben, werden auch in der nächsten Inkarnation wieder in einer Verbindung zueinander stehen, die die Option bietet, diese Verwicklung in Heilung bringen zu können.

Grundsätzlich gibt es also keine Auswahlkriterien, die die Wahl der Eltern bestimmen. Wäre das der Fall, dann würde ja eine Wertung zugrunde liegen und die gibt es nicht.

Das mag alles sehr technisch und getaktet klingen. Es lässt ein Bild vermuten, dass alle Seelen an einem Konferenztisch zusammensitzen und Pläne gezeichnet werden. Doch so ist es nicht. Die Seelen diskutieren nicht miteinander. Wie sollen Energien etwas ausdiskutieren? Es ist mehr als stille Übereinkunft zu verstehen und findet auf telepathischer Ebene statt. Zur telepathischen Kommunikation zwischen Seelen, darf ich hierbei noch anfügen, dass auch der Mensch durchaus zur Telepathie fähig ist. Dies sind jedoch Anlagen, die tief in unserem Bewusstsein vergraben liegen. Die Kommunikation zwischen Wesen in der geistigen Welt, so auch die Jenseitigen, ist eine Art von Energieaustausch. So lässt sich das vielleicht am Besten beschreiben. Man könnte sagen, in dem Moment, in dem die Seele „Energie denkt", weiß es die andere Seele schon. Seelen nehmen nicht wahr, sondern *wissen* und so ist es auch in der Kommunikation. Es sind also keine Gedanken oder gesprochenen Worte, sondern Energie.

Die Kommunikation ist also eine andere als auf Erden und auch eine andere, als bei medialen Kontakten und Durchgaben. Die lichten Wesen und auch die Verstorbenen, so wie ich auch gerade, lassen dem Empfänger die Worte in den Sinn kommen. So könnte man es ausdrücken um es verständlich darzustellen. Es gibt aber auch Medien, die tatsächlich hören. Das lichte Wesen stellt sich immer auf den Menschen ein und wählt die Zugänge und Kanäle, die dem Medium entsprechen. Ist das nicht eine wunderbare Fügung? So ist die Kommunikation zwischen Mensch und Lichten ein weiteres Wunder unserer herrlichen Welt.

Unsere Seelenfamilie

Ich habe schon viel über Seelenfamilien berichtet. Hier möchte ich nun darauf eingehen, wie diese überhaupt entstehen. In der geistigen Welt werden sogenannte Seelengruppen geboren. Man kann sich das so vorstellen, dass eine solche Gruppe zehntausende von Seelen umfasst. Zu verschiedenen Zeiten werden diese Gruppen geboren. Nehmen wir als Beispiel Gruppe 1 mit einer Anzahl von 20.000 Seelen. In diesen großen Gruppen bilden sich Seelenfamilien. Auch hier gibt es kein Kriterium, sie finden zusammen, denn jede Seele ist gut so, wie sie ist. Das Einheitsgefühl ist allgegenwärtig. Die Seelen sind eins, als Anteil der allmächtigen Seele. Es gibt hier keine Konkurrenz oder Neid, noch die Befürchtung, in einer anderen Seelenfamilie vielleicht besser aufgehoben zu sein.
Eine Seelenfamilie kann etwa 100 Seelen umfassen, da auch Freunde sowie Brüder und Schwestern im Geiste dazu gehören. Die gesamte Gruppe dieser Seelen wird, beispielsweise im Jahre 0, nach und nach auf die Erde „entlassen“. Bei der Gruppe 2 verhält es sich ähnlich und diese wird 500 Jahre später ebenfalls ihre Inkarnation auf der Erde antreten. In dieser Weise setzt es sich fort und so geht es immer weiter. Es gab schon viele, viele Seelengruppen, die die Erde bereichert haben und derzeit noch in ihren Inkarnationszyklen sind. Es kann tausende Jahre dauern, bis eine Seele ihren Wiedergeburtszyklus abgeschlossen hat.
Die Schöpfung behält sich vor, wann wieder eine Seelengruppe geboren wird. Auch entscheidet sie, wann und wie der Kreislauf weiter geht. Vor diesem Hintergrund wird vielleicht auch die Bedeutung von jungen und alten Seelen nochmal deutlicher. Bei diesen Vorgängen sind Elohim beteiligt. Die Elohim sind die Engel, die auch als Schöpfungsengel oder „rechte Hand Gottes“ bezeichnet werden. Man möge sich das jedoch keinesfalls wie eine Werkstatt oder Manufaktur vorstellen, in der Seelen erzeugt werden. Vielmehr ist es ein Abkoppeln von Energie aus dem großen Bewusstsein. Das geschieht durch unsere geistig spirituellen

Eltern, auf die wir noch zu sprechen kommen. Dabei sind ihnen, wie gesagt, Elohim behilflich. So lässt es sich wohl in annähernder Weise beschreiben. Die Liebe mit der die Elohim wirken ist unfassbar präsent und sie strahlen in einem Licht, das wahrhaft überirdisch ist. Ein Mensch, der einmal einem Elohim begegnet, wird das nie wieder vergessen. Der gesamte Schöpfungskomplex ist wahrlich unerschöpflich und wir wissen wohl im Ansatz nur einen geringen Teil davon. So können wir alle noch unglaublich viel lernen und erfahren.

Seelenaufgabe von Seelengruppen

Jede Seele hat eine Seelenaufgabe. Doch damit nicht genug, denn so verhält es dich auch mit jeder Seelenfamilie und jeder Seelengruppe. Die Aufgaben der Seelengruppen sind übergeordneter Art und demzufolge nicht persönlich. Sie umfassen immer ein weiteres Feld. Es sind immer Aufgaben, die die Erde und die Menschheit als Ganzes betreffen. So sind sie Friedenstifter, Lichtbringer, Lehrer, Erdhüter oder auch Heiler. Das bedeutet, dass eine Seelengruppe die Qualitäten auf die Erde bringt, die für die jeweilige Aufgabe erforderlich sind. Wenn wir das auf ein Beispiel herunterbrechen um es zu verdeutlichen, so nehmen wir eine Seele, die in der Seelengruppe mit der Aufgabe Friedenstifter geboren wurde. Ihre Aufgabe ist es also, Frieden auf die Erde zu bringen. In der Seelenfamilie werden die Erfahrungen aus diesem Grunde immer auch darauf ausgerichtet sein, dass die Lernaufgabe darin liegt zu befrieden. Dabei geht es um Befriedung im Allgemeinen, also sowohl bei sich selbst als auch bei den Mitmenschen und der Erde. Nicht selten gehen Vater und Sohn dieselben Wege und der Sohn führt fort, was der Vater aufgebaut hat, etwa ein Hilfswerk, eine Stiftung oder dergleichen. So eine Seele wird diesen Teil ihrer eigenen Seelenaufgabe – so sie diese denn auch erkennt – darauf fokussieren, sich für den Frieden einzusetzen. Welche Facetten und Möglichkeiten sie auch immer dafür einsetzt, bleibt ihr selbstverständlich vorbehalten. Sie könnte beispielsweise Bücher über den Frieden schreiben, Vorträge zu diesem Thema halten, zu Friedensmeditationen aufrufen oder andere dazu motivieren, Frieden mit sich selbst zu schließen.

Die Seelenaufgabe der Seelengruppe hängt unmittelbar mit der Seelenaufgabe des Einzelnen zusammen. Haben wir die Aufgabe der Seelengruppe Lehrer, so kann daraus die Aufgabe resultieren, Menschen die Spiritualität zu lehren oder den Kindern ein guter Lehrer zu sein. Wir

alle kennen wohl jemanden von dem wir sagen können, der oder die hat ihren Beruf zur Aufgabe gemacht und geht darin völlig auf.
Für eine Seele ist es ein Lernprozess, die eigene Aufgabe überhaupt zu erkennen, denn auch hier greift das Vergessen. Wenn man diese erkannt hat und damit beginnt für die Aufgabe zu wirken, stellt sich eine tiefe Erfüllung ein. Dieses Gefühl der Erfüllung ist wie eine wahrlich fürstliche Belohnung für die getane Arbeit. Es ist im Herzen spürbar und damit unbezahlbar. Viele Menschen tragen eine tiefe Sehnsucht in sich, die sie nicht definieren können. Ich wage zu sagen, dass es die Sehnsucht nach der Seelenaufgabe ist. Wir haben also ein übergeordnetes Feld und aus diesem heraus bilden sich einzelne, spezialisierte Wirkungsweisen. Auch hier kann man nur staunend die große Weite und die unendlichen Möglichkeiten der Schöpfung betrachten.

Einblick in das Leben anderer

Die Seele *weiß*. Sie muss keinen Einblick in das Leben anderer nehmen. Seelen wissen um die Erfahrungen und Lernaufgaben des anderen. Wenn die Seele aus dem Jenseits einen Menschen auf Erden betrachtet und dessen Energie wahrnimmt, dann weiß sie um alles in und um diesen Menschen. Einer Seele fehlt jede Neugier, deswegen sind sie nicht darauf bedacht, alles zu betrachten. „Begegnen" der Seele jedoch Menschen, weiß sie um alle ihre innewohnenden Aspekte, Ängste, Rollen und dergleichen. Trifft eine Seele im Jenseits auf eine andere Seele, ist dies genauso. Doch auch die andere Seele erkennt und weiß um sein Gegenüber. So bedeutet dies gleichzeitig, dass Seelen immer authentisch und wahrhaftig sind. Sie können gar nichts anderes sein. Sie werden als das gesehen, was sie sind. Stelle dir nur einmal vor, das wäre im Irdischen mit den Menschen genauso!

Die Leben innerhalb der Seelenfamilien, die zusammen ihre Pläne geschmiedet haben, sind den Seelen natürlich bekannt und sie haben auch Einblick. Man könnte sagen, dass die gesamte Seelenfamilie in sich eine Erfahrung macht innerhalb einer Inkarnation. Selbstverständlich sind diese unterschiedlich, sowie auch die Lernaufgaben, aber als in sich geschlossenes System bleibt es doch eine Gesamterfahrung, mit all ihren Verzweigungen.

Wenn ich dies alles so betrachte, bin ich selbst immer wieder erstaunt ob der Kühnheit der Schöpfung mit der sie dieses ganze Gefüge geschaffen hat. Und das Ganze basiert einzig und allein auf der reinen Liebesphilosophie des Lebens. Ist uns dies bewusst, können wir in diesem Moment, jetzt gerade, nur in die Demut finden. Ein anderes Wort könnte kaum besser beschreiben, wie wir uns dabei fühlen.

Die geistig spirituellen Eltern

Seelen werden in einen Seelenstamm geboren. Diese Seelen haben Eltern. Es sind unsere geistig spirituellen Eltern. Diese Eltern stellen sich für diese Aufgabe zur Verfügung und inkarnieren nicht. Man darf sich das jedoch nicht so vorstellen wie auf Erden, mit einem Zeugungsakt und einer Schwangerschaft von neun Monaten. Vielmehr ist es eine Vereinigung von weiblicher und männlicher Energie, die dann eine Seele hervorbringt. Es wird also von diesen Eltern eine Energie aus dem großen Bewusstsein abgekoppelt. Durch das Einwirken der überaus in Balance befindlichen männlichen und weiblichen Aspekte wird die Seele geboren.

Ist eine Seele geboren, bekommt sie auch einen Namen. Das ist unser Ursprungsname, der Name der immer gültig bleibt. Unser Ursprungsname ist mit einer ganz bestimmten Schwingung und natürlich mit unserem Seelenstamm verbunden. Das bedeutet auch hier, dass das nicht mit den Namen, die wir auf Erden erhalten gleichzusetzen ist, obwohl unsere Namen im Irdischen gewiss auch Bedeutung und Sinn haben.

Der Ursprungsname der Seele ist wie ein Klang, wie eine Signatur. Er drückt eine bestimmte Schwingungsqualität aus. Bedauerlicherweise haben wir auch diesen Namen vergessen, wenn wir wiedergeboren werden. Im irdischen Leben geht es um andere Dinge, hier geht es um unsere Erfahrungen und Lernaufgaben. Dennoch möchte ich Folgendes nicht unerwähnt lassen: Wenn wir unseren Ursprungsnamen im Leben erfahren, dann gehen wir durchaus wieder mit dieser Qualität der Urschwingung in Resonanz. Diese Resonanz können wir dann in unserem System, in welchem es ja gespeichert ist, wieder beleben.

Auch hier gibt es Möglichkeiten, über entsprechende Medien oder mit einer guten eigenen Anbindung an die lichten Ebenen, den Ursprungsnamen zu erfahren. Das Göttliche Selbst kennt seinen Namen.

Der Ursprungsname ist jedoch nichts, mit dem man leichtfertig und achtlos umgehen sollte. Man sollte ihn auch nicht als Namen benutzen, was die Menschen natürlich gerne tun. Hier darf man sich fragen, ob man nicht sein Ego bedient, wenn man seinen Ursprungsnamen lautstark nach außen verkündet. Es ist mehr eine stille Qualität, die sich über Ausdruck und Ausstrahlung bemerkbar machen darf. Dennoch möchte ich sagen, dass die Signatur natürlich eine gewisse Schwingung ausstrahlt und ein Gegenüber diese selbstverständlich – wenn auch unbewusst – wahrnehmen kann. Wir sollten unseren Ursprungsnamen, wenn wir ihn denn kennen, einfach nicht „verschleudern."

Vorlieben, Interessen und Talente

Ob unsere Vorlieben, Interessen und Talente von Wiedergeburt zu Wiedergeburt erhalten bleiben, hängt von den Erfahrungen ab, die wir in diesem Zusammenhang damit machen. Außerdem kann die Seele ja frei wählen, was sie auf die nächste Reise wieder mitnimmt. Denken wir nur an die erstaunlichen Kinder, die bereits in jungen Jahren wie selbstverständlich die schwierigsten Lieder singen. So ist es auch, wenn man in seiner Kreativität Dinge erschafft, auf die man am Ende selbst staunend und mit der Frage, wie man das geschafft hat, blickt. Hier sehen wir, wie sehr eine vorhergehende Inkarnation noch aktiv ist und einflussnehmend auf das jetzige Leben greift.

Sind also Vorlieben, Interessen und Talente in einer Inkarnation für die Seele nicht ausreichend ausgedrückt und durchlebt, wird sie etwas davon wieder mitnehmen. Dies tut sie dann mit all den Lernprozessen, die damit verbunden sind. Insofern kann man sagen, dass – zumindest Anteile davon – erhalten bleiben und wieder neu belebt werden können. In der Daseinsform im Jenseits macht die Seele keinen Gebrauch davon. Das bedeutet jedoch nicht, dass es gleichgültig ist. Da die Seelen durch das Ziel des Seelenwachstums motiviert sind, haben hier eben andere Gegebenheiten die Priorität. Der Ruf einer weiteren Inkarnation ist so eindringlich, dass die Seele – sozusagen – darauf hinarbeiten wird, wiedergeboren zu werden. Dann werden Vorlieben, Interessen und Talente neu geordnet und die Seele entscheidet, was davon noch einmal gelebt werden wird.

6. Teil

Vom Leben im Jenseits

„Der Tod ist ein gewaltiger Akt des Lebens,
denn er gebiert ein höheres Leben."

Pierre Victorin Vergniauld

Wahrnehmung der noch Lebenden

Die Verstorbenen, wie auch andere lichte Wesen, nehmen die Menschen als das wahr, was sie sind: Als geistige Lebensformen – oder besser ausgedrückt – als reine Energie. Es verhält sich damit also genauso, wie mit der Wahrnehmung hier untereinander, in den jenseitigen Ebenen. Man kann also sagen, wir nehmen die Seele wahr, weniger den Körper. Dabei können wir durchaus erkennen, wo Ungleichgewichte anhängen, weil die Energie in diesen Bereichen eine andere ist. Die Schwingung – im Weltlichen würde man sagen, die Ausstrahlung – ist anders, sowie auch die Farbe.

Nehmen wir die Präsenz einer Seele als helle Lichtkugel wahr, so kann eine Krankheit, ein Trauma oder sonstige Störungen im System als dunklerer Fleck, als roter Punkt oder Ähnliches, gesehen werden. Dennoch haben wir ebenfalls Zugang zu den irdischen Bildern. Die Seele kann beispielsweise einen Baum oder eine Person visualisieren, also sichtbar machen. Es mag der Eindruck entstehen, dass es in der jenseitigen Welt nur Schwarz-weiß gibt. Dem ist jedoch nicht so, eher das Gegenteil ist der Fall. In erster Linie nimmt die Seele über Farben wahr und das Farbspektrum im Licht ist atemberaubend und reichhaltig. Da die Seele andere Energien hauptsächlich über diese Farbpalette wahrnimmt, hat jede farbliche Energieausstrahlung einen eigenen Ausdruck, eine eigene Qualität.

Seelen erkennen einander ganz selbstverständlich. Auch wenn wir alle helle Lichtkugeln sind, so weiß die Seele immer genau, wen sie vor sich hat. In der jenseitigen Welt ist also dennoch auch eine Individualität gegeben. Jedwede Seele hat eine eigene Aussprache oder einen eigenen Ausdruck, so könnte man es am ehesten beschreiben.

Alles Materielle im Irdischen ist ebenfalls eine Form von Energie und kann von den Jenseitigen wahrgenommen werden. Dennoch ist es – das kennen wir aus der Quantenphysik – nur ein verschwindend geringer

Teil im Universum. Alles Materielle, sprich also Grobstoffliches wie Körper, Häuser, Autos und dergleichen, macht einen Anteil von 0,01 % im Universum aus. 99,99 %, also der ganze große Restraum, ist kein leerer Raum, sondern angefüllt mit Energie. Das Spektrum, das ein Mensch erblicken kann ist somit ein Staubkorn im Universum und doch ist die Welt riesengroß.

Kommunikation im Jenseits

Im Jenseits gibt es kein gesprochenes Wort. Die herrliche Stille, die hier gegeben ist, ist für Erdenbewohner kaum vorstellbar. Sie ist einfach großartig und nicht umsonst fordern die Lichten die Menschen immer wieder dazu auf, in die Stille zu gehen. Im Vergleich dazu ist die Welt unerfreulich laut.

Dennoch können wir interagieren. Dies geschieht nonverbal. Kommunikation findet telepathisch statt. Man könnte es auch „stille Absprachen" nennen, wenn wir an die Seelenpläne denken. Die Seelen wissen und haben damit schon über vieles Kenntnis, das nicht noch zusätzlich kommuniziert werden muss. Dennoch gibt es Dialoge, wie das „Besprechen" der gelebten Erfahrungen oder die gemeinsame Lebensrückschau, auch in Bezug auf das Gesamtwesen der Seelenfamilie. Das Sein steht an erster Stelle und dieser Seinszustand lässt nichts vermissen. Es ist ein absolutes Sosein in der Liebesfrequenz des großen Bewusstseins, von dem wir alle Teil sind. Wir sind nicht allein. Wir haben Kontakt zu Engeln und zu anderen Seelen, die nicht in unserer Seelenfamilie zuhause sind. Und natürlich sind unsere lieben Haustiere bei uns.

Eine Seele ist nicht etwa untätig, wenn sie in den jenseitigen Ebenen ist, sind wir doch gut damit beschäftigt, unsere noch lebenden Angehörigen zu besuchen, zu unterstützen oder zu führen. Bei jeder Handlung, die ein lebender Angehöriger der Seelenfamilie durchführt, die eine Bearbeitung, Heilung, Auflösung oder Reflektion in der Ahnenreihe betrifft, sind die Ahnen und Verstorbenen ebenfalls anwesend. Sie nehmen daran teil, sie wirken mit und erfahren die Erlösung in dieser Weise selbst mit. Wir sehen nach unserer Familie und gerade bei Kindern breiten wir gerne unseren Schutz über sie aus. Das alles wird in der jenseitigen Welt ebenso kommuniziert, denn es gehört zum Inkarnationsgeschehen der jeweiligen Seelenfamilie.

Zeit und Raum

Ich habe in meinen Ausführungen schon oft die Zeit erwähnt. Wir wissen, dass sie in den jenseitigen Ebenen keine Rolle spielt. Es gibt sie schlichtweg nicht. So wird auch nicht über sie „nachgedacht“. Sie wird nicht in irgendeiner Form in Erwägung gezogen.

Das Leben an sich ist unendlich und damit grenzenlos. Ob ein Leben nun zehn oder hundert Jahre geht und ob der Abstand der Inkarnationen tausend Jahre oder dergleichen beträgt, ist völlig bedeutungslos.

Dass der Zeitfaktor im Wesentlichen kein Maß ist wird dann ersichtlich, wenn der Mensch in verschiedene Inkarnationen springt, also dann, wenn er beispielsweise eine Rückführung erlebt. Er kann energetisch ganz leicht in ein Leben hüpfen, das möglicherweise 500 Jahre oder noch länger zurück liegt. Das ist eine der Möglichkeiten in der Zeit zu wandern. Wenn dann deutlich wird, wie sehr eine alte Inkarnation noch greift, bekommt der Mensch einen Eindruck davon, wie wenig Bedeutung die Zeit im Universum hat. Dies wird dann umso offenkundiger, wenn das frühere Leben im jetzigen noch sehr aktiv arbeitet. Man kann vor 500 Jahren etwas erlebt haben, das im Jetzt noch wirkt.

Selbstverständlich verstehe ich, dass die Zeit für den Menschen in der Inkarnation eine große Rolle spielt, denn hier ist er begrenzt. Irgendwann kommt der Punkt im Leben, an dem der Mensch zwangsläufig spürt, dass sein Leben eine irdische Grenze hat. In jungen Jahren mag man sich darüber noch kaum Gedanken machen. So ist die Zeit für den Menschen ein bedeutender Faktor und so manch einer bedauert, dass er nicht intensiver gelebt hat. So kann ich nur jedem Menschen zurufen, das Leben in vollen Zügen auszukosten und soweit wie möglich, Wünsche und Träume zu verwirklichen.

Dann möchte ich noch auf den Raum zu sprechen kommen. Wenn es keine Zeit gibt, gibt es auch keinen Raum. Es ist also sinnvoll, „Raum“ einmal aus jenseitiger Sicht zu definieren.

Ich wiederhole mich, wenn ich sage, dass das Jenseits keine Grenze hat. Wie sollte etwas, dass unendlich ist, begrenzt sein? Das eine schließt das andere aus. So gibt es also auch keinen Raum, denn das würde ja eine Begrenzung beinhalten. Dennoch ist das Jenseits, die Dimensionen, die verschiedenen Ebenen also, jeweils Raum. Aber bitte nicht in weltlicher Sicht!

Um das einfach darzulegen könnte man sagen, dass jede Ebene natürlich Raum einnimmt im Universum. Der Mensch kann sich das so vorstellen, als dass es verschiedene Schichten gibt, verschiedene Bereiche in welchen die Schwingungsmuster sich unterscheiden.

Die Ebene der Einhörner beispielsweise ist von der Schwingung her sehr viel höher als die der Verstorbenen. Die Ebene der Geistführer ist eine andere als die der aufgestiegenen Meister. Es ist für ein höher schwingendes Lichtwesen nicht möglich, niedere schwingende Ebenen zu besuchen. Genauso verhält es sich umgekehrt. Dennoch ist alles grenzenlos und der Mensch kann, auch wenn er das gerne wollte, keine Längen- und Breitengrade dafür zugrunde legen. Es darf genügen, wenn man sagt, dass es unterschiedliche Dimensionen gibt. Sie sind, wie schon gesagt, grenzenlos – also raumlos – und man kann sie nicht an einer bestimmten Stelle verorten. Wenn etwas grenzenlos ist, dann kann es überall sein. Es ist also überall und unendlich.

Gedanken und Gefühle der noch Lebenden

Da wir, wenn wir nach Hause zurückgekehrt sind, wieder im vollen Liebesbewusstsein angebunden sind, sind wir erfüllt von tiefempfundenem Mitgefühl. Wenn also unsere Angehörigen trauern, leiden oder Schmerz empfinden, nehmen wir das energetisch wahr. Wir versuchen dann gerne, sie zu unterstützen, zu stärken und auch so manches Mal „die Fäden zu ziehen" um sie zu führen. Ahnen können Kraft spenden und den Menschen mit ihrer Liebesenergie Halt geben.

Wir können uns in deren Feld bemerkbar machen, etwa über die Elektrizität oder durch Bewegen von Gegenständen. Auch Berührungen können wahrgenommen werden. Dabei wollen wir unsere Angehörigen jedoch niemals ängstigen sondern vielmehr trösten. Auch sie können unsere Energie spüren, wenn wir näherkommen. Es gibt viele Berichte die bezeugen, dass Verstorbene erscheinen um den Angehörigen im letzten Augenblick vor einem Unfall zu bewahren, indem sie warnen. Sehr hellsichtige Menschen können Verstorbene sehen.

Verstorbene sind dem Menschen immer noch in Liebe zugetan. Dies endet nie, vielmehr verstärkt es sich im Jenseits. So ist es nur natürlich, dass wir Anteil nehmen an den Gefühlen und dem Erleben unserer noch lebenden Seelenfamilienmitglieder. Wir erkennen Veränderungen im Energiefeld derer die leiden. Trotz aller geplanten Erfahrungen empfinden wir tiefes Mitgefühl, Hochachtung und Respekt ob der Herausforderungen jedes Einzelnen. Letztlich ist zu sagen, dass wir an allem, was die Lebenden beschäftigt teilhaben, seien es Gefühle, Gedanken oder Handlungen. Selbst dann, wenn jemand über etwas nachdenkt, eine Entscheidung abwägt, wissen wir darum. Wir nehmen es wahr und so manches Mal sind wir Entscheidungshelfer.

Unsere Gebete

Ein Gebet ist ein nie verhallendes Energiefeld im Universum, denn Worte sind selbstverständlich ebenfalls Energie. Man könnte sagen, Worte sind wie Wesen, die im Energiefeld wachsen, wenn sie oft gesagt und wiederholt werden. So ist ein Gebet *nie* ungehört und kann durch Wiederholungen oder in der Gemeinschaft von mehreren Personen in der Wirkung nur verstärkt werden.

Da also ein Gebet immer eine Wirkung hat, wirkt es auch als liebevolle Energie auf die Verstorbenen. Die Seele nimmt die wohlwollenden Schwingungen der Betenden durchaus wahr. Es ist nicht so, dass die Seele die heimkehrt durch Gebete geführt werden muss, dass sie ohne ein Gebet nicht heimfindet oder dass sie sonstige Unterstützung durch die Verbliebenen benötigt. Dafür sorgen die lichten Wesen, wie der Engel des Wandels. Gleichwohl ist es eine wundervolle Art begleitet zu werden, die letztendlich auch dem Angehörigen in seiner Trauer hilft. Es ist das letzte Wort, die letzte Möglichkeit, mit der der Trauernde eine Kommunikation, eine gesprochene Verbindung mit seinem Verstorbenen halten kann. Es spendet dem Hinterbliebenen selbst Trost und hilft ihm, seine Trauer besser zu verarbeiten. Halten wir Zwiesprache mit den Verstorbenen, erschaffen wir gleichzeitig eine lichtvolle Energie, die nicht nur den Trauernden trägt, sondern auch den Verstorbenen. Ist der Gegangene dann auch noch eine Weile aufgebahrt, so kann er – wenn die Seele den Körper noch nicht verlassen hat – das Gebet sprichwörtlich noch hören. So ist er im Zustand zwischen Gehen und Ankommen in die liebevollen Worte seiner Hinterbliebenen eingebettet. Ist das nicht eine ausgesprochen segensreiche Art und Weise diese Welt zu verlassen? Ein Gebet ist gesprochene Liebe und somit *nie* vergeblich oder nutzlos. Oftmals verhält es sich so, dass der Mensch irgendwann, an irgendeinem Punkt im Leben, bei einem Gebet „landet". In einer Situation, in der ihm sonst nichts mehr bleibt, wenn er hilflos und handlungsunfähig ist, wird er zurückfinden und sich erinnern, dass er beten könnte. Erfreulicherweise wird zu Lebzeiten sehr viel gebetet. Immer ist es eine intime, vertrauensvolle und wunderbare Zwiesprache mit dem Göttlichen und für manch einen ist ein Gebet die einzige Verbindung, die er spüren kann. Im Jenseits wird nicht gebetet. Hier ist das pure Sein vorherrschend. Wenn man sich als Teil des großen Bewusstseins erfährt und in der vollkommenen Liebesschwingung eingebettet ist, bleibt nichts, wofür man noch beten könnte. Hier bleiben nur noch Demut und tiefe Dankbarkeit.

Himmel und Jenseits

Rein realistisch gesehen, ist der Himmel das, was du siehst, wenn du nach oben blickst. Das Jenseits geht weit darüber hinaus und kann mit dem menschlichen Erfassungsvermögen nicht eingefangen werden. Die Unendlichkeit des Universums schon gar nicht. Der Mensch denkt und lebt nach Grenzen, so hat er es gelernt und das, was er erblickt, wenn er in den Himmel schaut, ist eben nur ein kleines Fenster. Es ist ihm nicht möglich, darüber hinaus zu blicken. Doch tatsächlich kann er darüber hinaus *fühlen*.

Symbolisch ausgedrückt bedeutet der Himmel wohl das Zuhause, das Gebiet in welches wir wandern, wenn wir die Welt verlassen. Hier wären wir wieder bei den Begrifflichkeiten, die rein menschlich sind. Jeder darf für sich entscheiden, bei welchem Überbegriff er sich zuhause fühlt. Wir Jenseitigen verwenden keine Worte und Begriffe, wie ihr es tut. Ich würde alles, was nicht dem Irdischen, also dem Planeten Erde entspricht, als göttliches Bewusstsein oder göttliche Quelle bezeichnen, in der sich unterschiedliche Ebenen, also Dimensionen, befinden. Dennoch ist „Himmel" ein wunderschönes Wort, weil es sowohl das Antlitz eines strahlenden, blauen Horizonts ausdrücken kann, als auch eine Art Heimatgefühl in der unendlichen Liebe des Schöpfers. Himmel kann also ein Gefühl sein und so kann man den Himmel in sich tragen und muss ihn nicht am Firmament wissen.

Der Begriff „Paradies" ist mittlerweile schon fast nicht mehr im Sprachgebrauch. Die Religionen benutzten ihn, um ihren Anhängern zu versprechen, sie würden im Paradiese reich belohnt, so sie denn im Leben recht brav, folgsam und rechtschaffen waren. Ich glaube wir alle wissen, dass wir es selbst in der Hand haben, uns ein Paradies auf Erden zu erschaffen, oder eben eine Hölle. Das Paradies und die Hölle sind alte Begriffe, die aus Gier und Machtbesessenheit etabliert wurden. Wie auch immer man es ausdrücken mag und welchen Begriff man letztendlich wählt, der Mensch verbindet unterschiedliche Emotionen damit. Doch das Wort „Himmel" berührt die Herzen. So versprüht es eine eigene Energie und assoziiert ein Heimatgefühl. Für die Jenseitigen und lichten Wesen ist das Gefühl, welches der Mensch damit verbindet das Entscheidende, nicht das Wort als solches.

Humor und Lebensfreude

In den jenseitigen Welten wird eine angenehme Stille gepflegt und es gibt kein leeres, sinnloses Gerede. Hier herrscht die Form einer stillen Kommunikation. Der geistigen Welt liegt eine Logik anheim, die außerordentlich ist. Diese Logik entbehrt manchmal nicht einem Humor, der ebenfalls bemerkenswert ist. Dabei geht es um die humorige Eigenart, mit der diese Logik greift.

Die lichten Wesen lieben es, wenn der Mensch lacht, denn sie wissen selbstverständlich, wie gut ihm das tut und wie gesund es für ihn ist. Bei all den Herausforderungen der gewählten Erfahrungen jubeln sie uns zu, wenn wir lachend durchs Leben laufen. Ich kann nur immer wiederholen, dass wir in den jenseitigen Ebenen die Liebe *sind*. Ja, wir repräsentieren sie sozusagen in Vollendung. Wie könnte es also anders sein, als dass wir auch die Leichtigkeit des Lachens lieben. Eine Seele im Liebesbewusstsein hält die Lebensfreude hoch. Etwas anderes kann gar nicht sein. In den lichten Welten gibt es keine Negativität. So herrscht hier eine positive, freudige und liebevolle Energie vor, welche so sprudelnd ist, wie es das nur sein kann. Die Seelen sind lebhaft und abwechslungsreich und genauso nehmen wir Teil an eurer Freude, eurem Lachen und eurem Humor.

Die Musik

Alles besteht aus Klang und so nehmen wir auch in der geistigen Welt Töne wahr. Man kann jedoch nicht von Musik im Sinne, wie ihr sie auf Erden erfindet und spielt, ausgehen. Es ist eher der Klang des Universums, der verschiedene Schwingungen und Frequenzen abspielt, so wie etwa den Urton der Erde oder die Resonanzen zwischen Sternen und Planeten. Für das menschliche Ohr sind diese Töne nicht wahrnehmbar. Dennoch möchte ich behaupten, dass Menschen sie auf anderer Ebene wahrnehmen können, beispielsweise durch Vibration. Selbst wenn du sie nicht wahrnehmen kannst, so bist du doch in einer ursprünglichen Art und Weise mit ihnen verbunden, weil du untrennbar mit dem Göttlichen verbunden bist.

Die meisten Menschen fänden diese Art der Töne und Klangfrequenzen wohl eher bizarr und fremd und würden sie nicht als Musik bezeichnen. Dennoch ist es letztendlich Klang.

Wenn man sich vorstellt, dass alles Klang ist, kann es gar nicht möglich sein, dass es nicht auch in unseren Ebenen Töne und Frequenzen gibt. Und wenn wir bedenken, was Klang bewegen kann, so gewinnen wir einen Eindruck davon, welche Tragweite Klang, der sich weit ausbreitet, haben kann. Klang ist beispielsweise in der Lage, Wasser oder Sand zu bewegen. So wie Klang auf Wasser wirkt, so bleibt auch ein Körper im Irdischen davon nicht unbeeinflusst. Es gibt wissenschaftliche Versuche über die Wirkung von Klängen auf Körper, Geist und Seele und zwar bei allen Lebewesen, ob nun Mensch, Tier oder Pflanze. Es gibt die Töne des Universums, die auf ihre eigene Art und Weise doch Symphonien bilden. Die Seelen lieben diese Töne und können sich diesen universellen Melodien hingeben. Man könnte also sagen, die Seele hört auf ihre Art Musik. Dabei gibt es genauso unterschiedliche Abstufungen in den Höhen und Tiefen der Klänge. Der Urton des Universums ist ein wenig tiefer als beispielsweise der Ton, den ein Planet abgibt. Jedenfalls genießen wir diese Vielfalt ausgiebig.

Geistige Umwelt

Licht, hell und klar stellt sich meine Umwelt dar. Es gibt keine Grenze, dennoch fühlt man sich geborgen in dem großen Zelt des Schöpfers. Ich nehme hier die Präsenzen der Seelen wahr, die in ihrer Energie strahlen. Viele Lichter im Lichte, so kann man es sagen. Oder wie der Mensch es ausdrücken würde: wie im Himmel...

Es ist grenzenloser Raum und doch erleben wir unser Zuhause im Einssein. Bei all den Beschreibungen, die oben genannt sind, kann sich der Leser sicher ein recht gutes Bild davon machen. Wir erleben also Farben, Energien in ihrem Ausdruck, wir kommunizieren und wir genießen Klänge. Auch sind wir damit beschäftigt, unsere vergangenen Inkarnationen zu reflektieren, die neuen zu planen und unsere noch lebenden verbliebenen Familienmitglieder zu unterstützen.

Es gibt Tiere und Pflanzen im Jenseits, doch wieder nicht so, wie man sie als Erscheinung in der Welt sehen kann. Hier sind sie Energie, so wie die Verstorbenen und andere Wesenheiten auch. Sie haben eine andere Schwingung, doch sie sind hier in unseren Ebenen. Als Energien begegnen wir uns und so manches Haustier bleibt der Seelenfamilie erhalten. Wir sind also beglückt, unsere lieben Tierchen an unserer Seite zu wissen. Auch die Seelen von Pflanzen – einfach alles was lebt und Seele hat – ist hier zugegen. Wenn ich auch mehrfach von dieser angenehmen Stille sprach, so ist es doch lebendig hier. Ich möchte kein falsches Bild zeichnen, denn es mag der Eindruck entstehen, dass hier alles nur in ewigem Liebesbewusstsein entrückt vor sich hinschwebt. Dem ist nicht so. Gerade wenn die nächsten Inkarnationen anstehen und die Seelenfamilie ihre Pläne schmiedet, könnte man mehr oder weniger von Geschäftigkeit sprechen, wenn auch in einer unterschwelligeren Form.

Verstorbene und Materie

Verstorbene können also durchaus Materie beeinflussen. Wir kennen das Lichtflattern, Bilder hängen plötzlich schief, wir wissen von Klopfgeräuschen oder Ähnlichem. Im Grunde kann der Verstorbene auf alle Gegenstände zugreifen. Zumeist jedoch ist dieses Sichbemerkbarmachen recht verhalten. Es soll ja niemand verängstigt werden, die eigenen Hinterbliebenen schon gar nicht. Dennoch wählen Verstorbene gerne etwas, um sich bemerkbar zu machen. Dies tun sie dann auch in erster Linie bei denjenigen, die nicht an solche Dinge glauben. Ein sensitiver Mensch wird es spüren, ist einer seiner Verstorbenen anwesend. So ist es also für die Seele nicht notwendig, sich mit materiellen Hilfsmitteln bemerkbar zu machen. Liegt jedoch ein Notfall vor, wenn der Verstorbene beispielsweise dringlich vor etwas warnen will, dann kann das schon recht nachdrücklich sein. Erdgebundenen Seelen fällt es allerdings leichter mit Materie umzugehen, als einer Seele, die schon länger in der anderen Ebene weilt. Da erdgebundene Seelen die Rückführung in das Zuhause noch nicht wieder erlebt haben, sind sie noch stark an ihre gewohnte Umgebung gebunden. Da ist es für sie ein Leichtes, einmal einen Stuhl rücken zu lassen. Erdgebundene Seelen greifen gerne mal handfest ein, wenn sie es für nötig halten. Da sie noch mit ihrer vollen energetischen Präsenz im Irdischen anwesend sind fällt es ihnen leicht, äußere Zeichen zu setzen. Das kann mitunter auch recht spukig sein. Dann kann schon einmal ein Gegenstand umfallen, das Wasser auf- oder abgedreht werden oder die elektrischen Geräte ein Eigenleben entwickeln. Auch können nächtliche Klopfgeräusche zu hören sein und dergleichen mehr. Das macht den Menschen selbstverständlich Angst. Eine Seele, die schon lange vorausgegangen ist, ist der Materie schon mehr entfremdet und wird solche Mittel, wie etwa die Elektrizität wählen, um Zeichen zu geben, da die Elektrizität als Energieform leichter zugänglich ist. Obwohl es also möglich ist, wird Materie wenig genutzt, weil die Angehörigen doch eher erschrecken und in die Angst kommen.

Von den Engeln

Engel sind wohl eines der wunderbarsten Geschenke der Schöpfung. Es gibt derer so viele, dass man sie nicht aufzählen kann. Natürlich kennt jeder die Erzengel, die in ihrer Wirkungsweise unterschiedlich ausgerichtet sind. Erzengel Michael wird Schutz zugeschrieben. Raphael ist der Erzengel der Heilung und Erzengel Gabriel überbringt Botschaften. Erzengel Metatron wird auch „das Auge Gottes" genannt, weil er die Stimme Gottes auf Erden bringt. Er kennt alle Seelenpläne und es heißt, er ist Gott am nächsten. Darum wird er auch „Engel vor dem Thron Gottes" genannt.

Jeder Mensch hat einen Schutzengel an seiner Seite und zwar inkarnationsübergreifend. Das bedeutet, der Schutzengel ist bei jeder Inkarnation derselbe. Er wacht über uns und lenkt uns dann, wenn es durch äußere Einflüsse für uns gefährlich werden könnte, wie etwa im Straßenverkehr. Wir haben ihn an unserer Seite und zuweilen darf getrost ein kleines Dankeschön dafür gesprochen sein. Über die Elohim, die aktiv dabei mithelfen, die Schöpfung zu manifestieren, sprachen wir schon. Elohim sind sehr kraftvolle Wesen und setzen die Pläne des Schöpfungsprozesses um. Sie werden auch „die rechte Hand Gottes" genannt.

Jeder Erzengel, Elohim, Schutzengel oder auch der Engel des Wandels hat unzählige Helferengel an seiner Seite. Es gibt ganze Heerscharen von Engeln und nach meinem Empfinden, kann es gar nicht genug von ihnen geben.

Ich spreche nicht gerne von Hierarchie, weil alles und jedes gottgleich ist. Dennoch unterscheiden sich die Engel in ihrer Schwingung und Frequenz. Ein Erzengel beispielsweise hat eine sehr viel höhere Schwingung als ein Schutzengel. Ein Elohim wiederum ist höher schwingend als ein Erzengel.

Viele Menschen kommunizieren mit Engeln und rufen sie zu sich. Jeder, der es möchte kann die Engel in sein Leben einladen. Er kann sie bitten,

sich deutlicher zu zeigen und um Führung ersuchen. Die Engel begrüßen dies außerordentlich, denn schließlich sind sie dafür angedacht. Sie sind jederzeit für uns da, wenn wir die Einladung aussprechen.
Die mächtigen Schöpfungsengel, die Elohim können wir jedoch nicht zu uns rufen. Sie haben ein Wirkungsgebiet, das eine übergeordnete Rolle spielt. Dennoch können wir mit einem Elohim kommunizieren, denn er wird sich dann bei einem Menschen bemerkbar machen, wenn er selbst die Gegebenheit und die Notwendigkeit dazu sieht. Das ist ein wahrhaft göttliches Erlebnis.
Ist man einem Engel gegenüber, spürt man deutlich die Liebe Gottes auf eine sehr tiefgehende Art und Weise. Hier in der geistigen Welt ist die Liebe ohnehin vorherrschend und als Energie sehr viel kraftvoller als auf der Erde. Dennoch hat man das Gefühl, dass ein Engel das noch gebündelter ausstrahlen kann, als eine Seele. Es ist wie ein Balsam in ihrer Nähe zu sein. Begegnet man ihnen auf Erden, etwa durch eine tatsächliche Erscheinung oder im Zuge einer Meditationsreise, so gewinnt man einen Eindruck dessen, was ich damit sagen will. Engel können alles sein: quirlig, humorvoll, mächtig, stark, mitfühlend. Einfach alles.

Die Intergalaktischen Räte und außerirdisches Leben

Viele Seelen stammen von anderen Planeten. Jeder Planet hat einen Galaktischen Rat. Es ist vielleicht in etwa vergleichbar mit einer Regierung auf Erden. Jedoch beschließt dieser Rat zum Wohle der Bewohner des Planeten und nicht gegen sie, so wie es sich auf Erden häufig verhält.
Jedes Mitglied eines solchen Rates hat eine Gelehrtenlaufbahn in unterschiedlichen Bereichen hinter sich, wie etwa in Wissenschaft, Sprachen, altes Wissen oder Heilmethoden. Diese Räte bestehen also aus Lehrern, Priestern und Heilern. Diese sind hoch angeschlossen an das große Bewusstsein und somit autoritär und machtvoll. Gleichwohl wissen sie mit ihrer Macht umzugehen und im Sinne der Bewohner des Planeten Entscheidungen zu treffen. Aus dem Rat jedes Planeten gibt es Abgesandte, die wiederum zusammengeschlossen sind zu einem großen Rat, der übergreifende Dinge, das große Ganze betreffend, berät. Man könnte so sagen, dass die Besten der Besten ein Konglomerat bilden und unter Berücksichtigung jedweden Bedürfnisses zum Wohle aller entscheidet. Diese Entscheidungen betreffen also auch durchaus Erde und Menschheit. Gerade in den jetzigen Zeiten werden viele Dinge geregelt, gelenkt, in die Wege gebracht und geschaffen, um uns und unserem Planeten zu helfen. Dies alles bleibt uns verborgen. Wenn wir also sagen, wir sind nicht alleine, so bekommt dies unter diesen Gesichtspunkten eine ganz andere Bedeutung. Ein guter Beweis für all dies sind die jährlich mehr und mehr auftretenden Kornkreise.
Die Kornkreise sind nicht menschengemacht. Das ist absolut unmöglich, denn es beinhaltet eine Technik, von der die Menschheit noch meilenweit entfernt ist. Das Umknicken eines Getreidehalmes ist das Eine, doch gleichzeitige Genveränderung in eben diesem Halm und auch im Boden, ist das Andere. Das schafft kein Mensch, schon gar nicht über Nacht.

Und so werden diese Ratssitzungen also abgehalten, nicht nur wegen planetarischer Vorgänge, sondern auch zum Wohle der Menschheit. Dazu gibt es noch anzumerken, dass außerirdische Wesen schon immer auf der Erde waren. Bei den Sumerern, in der Antike, bei frühen Kulturen in Südamerika: Überall findet man auf Steintafeln Abbildungen außerirdischer Wesen. Man findet sogar Abbildungen von Raumschiffen auf 3000 Jahre alten Tafeln. Heute leben diese Außerirdischen nicht mehr so offensichtlich unter uns. Dennoch sind sie hier. Sie sind auf der Erde und die Regierungen wissen es.

7. Teil

Mysterien der Menschheit

„Das Leben zehrt den Tod auf,
und nicht der Tod das Leben."

Wilhelm Heinse

Bilokation und Levitation

Bilokation, also die Fähigkeit, an mehreren Orten gleichzeitig zu sein, ist möglich. Es gibt Zeugenaussagen, die beispielsweise den bekannten italienischen Pater Pio – sogar auch zu dessen Lebzeiten – oder auch Franz von Assisi an mehreren Orten gleichzeitig gesehen haben. Von der Kirche wird Bilokation den Heiligen zugeschrieben.

Dies ist sowohl auf Erden, als auch in der geistigen Welt möglich. Zu Zeiten der höher schwingenden Erdenkulturen war es nicht nur ein seltenes Phänomen, sondern wurde allgemein genutzt. Genauso wie die Levitation, zu der ich auch noch kommen werde. Leider haben sich diese Fähigkeiten inzwischen sehr zurück gebildet. Oder sollte man sagen, Gott sei Dank? Im Gegensatz zu diesen früheren Kulturen hat sich der Mensch, was diese Fähigkeiten und auch die sensitiven und medialen betrifft, ganz schön zurück genommen. Unsere Zirbeldrüse, die uns als Antenne und Anbindung an die geistige Welt dient, hatte zu Zeiten der Hochkultur Ägyptens etwa die Größe einer Walnuss. Heute ist sie auf die Größe einer Erbse geschrumpft. Hier sehen wir deutlich, wie „gestört" unser spirituelles Wesen ist. Es hat gerade einmal ca. 4.000 Jahre gebraucht um diese Rückbildung voranzutreiben. Die Indoktrinierung zur Abkehr des Menschen von der Anbindung an das Göttliche, auch in sich selbst, hatte dies zur Folge. Es ist wie mit einem Muskel. Benutzt man ihn nicht, bildet er sich zurück.

Das bedeutet im Rückschluss, dass wir auf die alten Anschlüsse zurückkommen und nicht stetig bemüht sein sollten, immer Neues und Moderneres anzustreben. Die neue Medialität – um es unter diesem Begriff einmal zusammen zu fassen – sollte also eine alte sein. „Zurück zu den Wurzeln!" sozusagen.

Verstorbene können beispielsweise beim Sohn auf einer Fernreise sein, um ihm schützend beiseite zu stehen und gleichzeitig bei der Witwe in der Küche anwesend sein.

Es ist also möglich, dass ein und dieselbe Seele an zwei Orten gleichzeitig sichtbar wird. Das bedeutet *nicht*, dass sich die Seele in zwei Hälften teilt. Dass man energetisch überall ins Universum hinreisen kann, wissen wir bereits. Reist man mit seiner Energie an einen Ort, ist man auch tatsächlich dort. Das beweisen die wunderschönen Meditationen und außerkörperlichen Reisen, die der Mensch erleben kann. Dazu muss man wissen, dass sich die Seele ausdehnen kann. Auch der Mensch kann seine Energiekörper ausdehnen und energetisch größer werden. Das ist sogar messbar und kein Hexenwerk. Es lässt sich leicht mit einem Tensor oder einem Pendel überprüfen. Viel mehr ist möglich, als dass wir uns das vorstellen können, auch die Bilokation. Dazu benötigt es den Willen und die Disziplin dranzubleiben und die entsprechende Übung. Möglich ist es. Ist das mein Ziel und Wunsch, kann ich willensstark auch dieses Ziel erreichen.
Die Levitation ist die Fähigkeit, mit seinem Willen und seiner Energie Dinge zu bewegen. Diese Fähigkeit haben wir genauso verlernt. Der Mensch wurde erfindungsreich und hat im Laufe der Zeit Maschinen entwickelt, die die Arbeit übernehmen. Es bedarf schon eines gewissen Maßes an Konzentration und hoher Schwingung, um die Levitation in Gang zu bringen. Überall auf der Welt finden wir Zeugnisse davon. Die Pyramiden beispielsweise und die großen tonnenschweren Gesteine, die in Tempeln und Stätten verbaut wurden, wurden anhand von Levitation bewegt. Niemand wird doch allen Ernstes glauben, dass Menschen solch schwere Steine mit Körperkraft bewegen konnten. Wenn unsere Wissenschaft meint, alles wäre bis in die Tiefe erforscht, dann gibt es keine Wissenschaft mehr. Wir wissen, dass vieles noch unentdeckt und unerklärt ist. Jemand, der die Levitation beherrscht ist auch in der Lage sich selbst zu erheben und seinen Körper schweben zu lassen. Vereinzelt findet man Aussagen die bezeugen, so etwas gesehen zu haben, etwa bei tibetischen Mönchen. So vieles ist möglich im Universum. Wie können wir da behaupten, die Levitation wäre es nicht?

Spukphänomene

Wir alle haben schon von Spukphänomenen gehört. Nun, was versteht der Mensch unter Spuk? Energien können andere Energien bewegen. Verstorbene können Materie bewegen, aber auch andere Wesenheiten können das. Spuk beginnt wohl dort, wo wir beginnen uns zu fürchten, uns zu gruseln. Wenn sich im Haus Gegenstände bewegen, die Türen geöffnet werden und dergleichen mehr, dann ist dies ja schon gruselig. Ist es eine erdgebundene Seele, die einfach nicht aus ihrem Haus möchte oder einer unserer Verstorbenen, ist das noch positiv zu sehen. Dennoch gibt es auch noch andere Dinge, die von Wesenheiten betrieben werden, um uns gar in die Angst zu treiben, denn diese nährt sie. Doch nicht alles, was man so liest oder hört, ist auch so. Vieles wird gerne dazu gedichtet. Aber es gibt natürlich auch dabei Extremfälle, die mitunter sogar gefährlich werden können.
Ein Spukphänomen ist es immer dann, wenn wir etwas wahrnehmen, das nicht unserem bekannten Bild entspricht. Was unser Verstand nicht einordnen kann, das empfinden wir rasch als beängstigend, gerade auch bei Übersinnlichem.
Also es gibt diese klassischen Spukphänomene, wobei es eine Frage der Definition ist. Jeder hat hier seine eigene Grenze. Ist der Spuk jedoch unaufhörlich und die psychische oder gar physische Verfassung eines Menschen ist gefährdet, so sollte man sich nicht scheuen professionelle Hilfe zu holen und in Anspruch zu nehmen.

Marienerscheinungen

Bei Marienerscheinungen kann sich ein Lichtwesen, wie etwa Mutter Maria, bis zu einem gewissen Grade wieder in einer Gestalt manifestieren. Dabei sieht man nicht etwa eine genau abgegrenzte Person, wie einen anderen Menschen. Dennoch kann man die Umrisse der Erscheinung soweit erkennen, als dass man sie zuordnen kann. Zumeist ist die Erscheinung dann umgeben von hellem Licht und strahlt aus, weit über ihre Gestalt hinaus.

Marienerscheinungen sind in der Vergangenheit in den meisten Fällen von mehreren Menschen gleichzeitig gesichtet worden. Die Kirche macht sich das gerne für ihre eigenen Zwecke zunutze, denn wenn viele dasselbe sehen, kann man es auch nicht mehr leugnen.

Solche Erscheinungen sind oftmals mit einer Botschaft verknüpft. Das bedeutet, dass die Wesenheit sich nicht nur teilweise zurück manifestieren kann. Sie kann darüber hinaus auch über Stimme eine Botschaft vermitteln. Die Wesenheit bringt also ihre Schwingung auf die Erde. Uns bleibt es verborgen, doch die Plätze sind wohl gewählt und garantieren von Haus aus schon ein gewisses erhöhtes Energieniveau. Diese hohe energetische Qualität macht es für die Wesenheit überhaupt erst möglich zu erscheinen. Das kann dann in der Nähe von Kirchen oder einfach in der Natur der Fall sein. Selbstverständlich hat ein solches Lichtwesen auch die dazugehörige Macht und Kraft, dies zu tun und so manche Engel sind dabei um die Energie an diesem Platze hoch zu halten. Allerorts fühlen sich die Menschen getröstet, gehalten und geliebt und schon alleine das ist eine grandiose Wirkung. Dazu werden diese Orte danach immer Anlaufstellen für Menschen sein, die Trost oder Hilfe suchen. So werden Kraftplätze daraus, die gerne aufgesucht und gepflegt werden und energetisch rein bleiben.

Die Beweggründe, warum eine Wesenheit herniederkommt, mögen unterschiedlich sein. Um die Menschen zu mahnen, zu trösten, sie zu ihrem Glauben zurück zu führen oder um ihnen zu zeigen, dass sie geliebt und gesehen sind. Manchmal braucht der Mensch vielleicht etwas von einem Messias, als Lichtblick.

8. Teil

Was uns bewegt

„…und Liebe ist unsterblich
und der Tod nur ein Horizont
und ein Horizont ist nur die Grenze unseres Blickes.“
Unbekannt

Tod und Trauer

Das Leben als solches ist sehr komplex und vieles bewegt die Menschen, darunter auch die Trauer um ihre lieben Verstorbenen. Trauer ist eine sehr tiefgehende Emotion. Am ehesten wird man sie verarbeiten, wenn man ihr den nötigen Raum gibt, sich auszubreiten. Das vermeiden wir gerne, weil wir nicht möchten, dass wir uns niedergeschlagen, ohnmächtig und traurig fühlen. Vor allem Männer beschneiden sich häufig beim Zulassen von Trauer. So eigenartig es auch klingen mag, die Trauer ist ein Helfer. Sie hilft uns, das Geschehnis emotional zu erfassen und zu bewältigen. Vielleicht wird dadurch deutlich, wie wichtig es ist zu trauern. Keine durchlebte Trauer, keine Verarbeitung. Der Trauerprozess ist deshalb so problematisch für uns, weil es – zumindest für diese eine Inkarnation – endgültig ist. Das irdische Leben ist endlich. Dabei spielt es vorerst keine Rolle für uns, dass der Verstorbene nur die Räume wechselt und uns ein Stück voraus geht. Für diesen Moment, bei diesem Verlust, ist es eine schmerzvolle Endgültigkeit, die wir durchzustehen haben.

Dennoch mag es ein Trost sein, dass wir irgendwann wieder zusammenkommen und dieses Bewusstsein kann den Schmerz der Trauer durchaus lindern. Wir werden unsere Verstorbenen immer bitterlich vermissen, aber wir werden uns stets an sie erinnern und sie liebevoll in unserem Herzen tragen. Trauer ist eine sehr innige und von der Liebe zu dem verstorbenen Menschen getragene Emotion. War man beim Sterben anwesend und konnte man es demjenigen, der ging so angenehm und schön als möglich machen, dann teilt man einen sehr intimen Moment mit ihm. Eine liebevolle Verabschiedung hilft nicht nur dem Sterbenden, sondern auch den Zurückbleibenden. Auch die Bestattung darf man als einen Moment der Schönheit erleben. Auch dies ist Trauer. Das Sterben eines Menschen zu begleiten und ihn mit einer schönen Feier zu bestatten, ist einer guten Verarbeitung der Trauer sehr zuträglich. Diese besonderen Augenblicke werden allzeit in unserer Erinnerung bleiben. Wir sollten uns nicht scheuen, all unseren Impulsen und Gefühlen freien

Lauf zu lassen, ungeachtet dessen, was andere Menschen oder gar andere Systeme und Konventionen dazu sagen. Jeder Mensch trauert unterschiedlich lange und auf seine eigene Art und Weise und so gibt es kein allgemeingültiges Rezept, wie am besten mit dem Gefühl des Schmerzes umzugehen ist. Man darf sich alle Zeit nehmen, die man braucht und auch alles tun, wozu man den Drang verspürt. Was auch immer man unternehmen möchte um zu gedenken und wozu man einen Impuls verspürt, dem sollte man nachgehen. Auch wenn das bedeutet, wieder weinen zu müssen. Es darf sein.

Gesundes Leben

Abgesehen von der Gesundheit unseres Körpers ist auch die psychische und geistige Hygiene unabdingbar für ein gesundes Leben. Vergiftende Gedanken, die negativ oder hasserfüllt sind, sind nicht gesund. Lebensmuster, die uns immer wieder schmerzvolle Phasen im Leben bereiten, ungelöste Traumata, ein Dasein in der Opferrolle, all dies ist ungesund. Karmische Anhängsel und ungelöste Verstrickungen, destruktive Beziehungen, Einfluss von Fremdenergien oder negativ beeinflussende Schutzstrategien sind unserer Gesundheit ebenso wenig förderlich. Mangelnde Eigenliebe, Prägungen – auch pränatal – oder unterdrückte Sexualität sind ebenfalls nicht zuträglich für ein gesundes Sein. Hier sehen wir einmal mehr, wieviel in unseren zu Anfang erwähnten Reisekoffer passt. Wir können selbst entscheiden, inwieweit und wie lange wir uns von all diesen oben genannten Hürden beeinflussen und beeinträchtigen lassen. Immer dann, wenn wir uns mit einer Gegebenheit oder einem Umstand nicht wohlfühlen, ist es nicht gesund. Mit einer positiven Einstellung – auch wenn es schon ein wenig abgegriffen klingt – ist schon viel gewonnen. Wenn wir in einer Situation sind, in der unser Gleichgewicht gestört ist, so ist es doch immer unsere ureigene Entscheidung, wie wir damit umgehen. Unsere Sichtweise auf die Herausforderungen unseres Lebens, aber auch die der Leben, die wir im Laufe unseres Erdendaseins berühren, sind ausschlaggebend für unser Wohlbefinden. Damit haben wir das Glück in unserer eigenen Hand. Unser Wohlergehen ist eine Frage der Entscheidung. Niemand kann sagen, nicht gefragt worden zu sein, denn das macht das Leben ständig. Manchmal ist es für uns jedoch nicht genug. Wir dürfen lernen, dass es genug ist und dass ein gesundes Leben nur eine Entscheidung weit weg liegt. Das gesamte Schöpfungsprinzip ist in dieser wundervollen Einfachheit eingebettet. Der Mensch ist ein so machtvolles Wesen und kann so viel mehr erschaffen, als er sich je vorzustellen wagt. Aus diesem Grunde sollten wir nicht nur unser Körperhaus fürsorglich pflegen und nähren, sondern auch Geist und Seele.

Weltfrieden

In vieler Munde ist dieses Wort, doch ist Frieden in der Welt gerade eher abgängig. Der Weltfrieden hat seinen Grundstein immer beim einzelnen Menschen. Es ist ein Feld von Energie und jeder darf sich fragen, ob und inwiefern er das Friedensfeld nährt. Welche Kämpfe trage ich tagtäglich mit meinen Kindern, mit meinen Nachbarn, Arbeitskollegen oder mit mir selbst aus? Hier sind wir beim wesentlichen Thema. Frieden in der Welt kann nur herrschen, wenn wir Frieden in uns selbst leben. Wie können wir andere des Unfriedens anklagen und selbst innerlich Krieg führen?

So wie mit der Liebe verhält es sich auch mit dem Frieden. Erst wenn es in uns selbst gewachsen ist, so kann es auch im Außen gedeihen. Ihr lebt gerade in einer Zeit, in der ihr schonungslos zu euch sein dürft. Schonungslos ehrlich. Wenn ihr euch ehrlich hinterfragt, werdet ihr den einen oder anderen inneren Unfrieden in euch finden, und wenn es ein Unfrieden mit euch selbst ist, ohne die Beteiligung anderer. Wie innen so außen, meine Lieben.

Frieden beinhaltet also nicht nur ein achtsames, respektvolles und wertschätzendes Zusammensein mit anderen, sondern auch mit uns selbst. Damit sollten wir anfangen, wenn wir uns für den Frieden einsetzen und zwar ohne Hintergedanken, denn so wie die Liebe, so darf auch der Frieden bedingungslos sein.

Das Wichtigste im Leben

Ihr Lieben, das Wichtigste im Leben ist – natürlich! – die Liebe. Die Liebe ist *niemals* abwesend. Allein wir selbst haben die Fähigkeit uns davon abzuschneiden, sodass wir sie nicht mehr spüren. Dennoch ist sie stets da, weil wir Liebe *sind.* Wir können wählen, wie sehr wir sie in unser Sein integrieren und in welchen Aspekten wir sie wachsen lassen wollen. Die Liebe ist der Beweggrund für all unsere Heilungen und unser Wachstum, Liebe zu uns selbst, zum Nächsten und zur Schöpfung. Was also könnte wichtiger sein?
Das Wesentliche im Leben ist wohl, dass wir nicht nur für unser eigenes Sein in diese Liebe finden, sondern auch in die Liebe zum Nächsten und zwar auch dann, wenn er gerade nicht in der seinen ist. Das ist wahrhaftige, gelebte Menschlichkeit, die der Göttlichkeit in nichts nachsteht. Doch genau dafür sind wir hier. Das dürfen wir erkennen. Wenn wir Frieden in und mit uns selbst schließen, dann gibt es keine Feinde mehr, die wir zu vernichten trachten. Und wenn wir nach dem oben genannten gesunden Leben streben, so sind die Liebe und der Friede, den sie mit sich trägt, unverzichtbar. Eine Erkenntnis macht sich breit, wenn wir verstehen, dass wir uns brauchen, dass wir nicht ohne einander können: Die Erkenntnis, dass die Liebe genügt. Nur dieses Eine! Nicht verschiedene, komplexe Lösungsansätze, sondern einzig und allein die Liebe. Wenn wir dann sehen, wo und wie oft sie auf der Welt nicht gelebt wird, mag das schon ein wenig entmutigend sein. Doch wir sind diejenigen, die sie leben werden. So gut wir können, das genügt schon. Und jedes Mal wird es uns ein wenig besser gelingen. Ganz bestimmt.

So bin ich nun am Ende dieses Werkes angelangt. Ich bin eine Seele im Jenseits, das ist meine derzeitige Daseinsform. Ich bin unendlich dankbar, so gehört worden zu sein und dass dieses Projekt auf so wundervolle, einfache Weise zu leben beginnen konnte. Aus tiefster Seele bin ich dankbar dafür. Ich bin zuhause und werde mich irgendwann wieder

aufmachen in eine neue Inkarnation. Es klingt schon verrückt, wenn ich daran denke, dass sich mit meiner Wiedergeburt erneut der Schleier des Vergessens über mich legt. Ich werde dann nicht mehr wissen, dass ich für dieses Buch meinen Teil an Wissen beitragen durfte.
Doch eines weiß ich ganz gewiss: Ich werde der Liebe meiner Leben wieder begegnen und diesmal auf einer neuen Ebene, denn eine alte wurde geheilt. Und darauf freue ich mich.
So wünsche ich Ihnen, liebe Leserin, lieber Leser, dass auch Sie der Liebe ihres Lebens begegnen, der wahren Liebe zu sich selbst, wenn Sie erkannt haben, wer Sie in Wahrheit sind. Für ein gesundes, buntes Leben.

Paul

Nachwort

Begrabe deine Toten
tief in dein Herz hinein;
so werden sie dein Leben
lebend'ge Tote sein.

So werden sie im Herzen
stets wieder auferstehn,
als gute, lichte Engel
mit dir durchs Leben gehn.

Begrab dein eigen Leben
in anderer Herz hinein;
so wirst du, und bist du ein Toter,
ein ewig Lebender sein.

Carl Siebel
(1836 – 1868)

Über die Autorinnen

Renate Linsmeier, 1964 in München geboren, lebt mit ihrer Familie südlich von München. Sie ist seit über 20 Jahren auf dem spirituellen Weg und wurde in Schamanismus, in der Medialität, in der Gebets- und Elise-Energieheilung und in psychologischer Beratung geschult und ausgebildet. Seit Jahren arbeitet sie als Medium, Jenseitsmedium und spirituelle Lehrerin. In ihrer *Akademie für Bewusstwerdung und Medialität* bietet sie Workshops, spirituelle Reisen und Seminare an. Sie lebt eine bodenständige Spiritualität ohne Anbindung an eine Religion und ist mit ihrem Spirit Team in der geistigen Welt eng verbunden. Ihre ersten Veröffentlichungen, „*Gebete für die Seele in der neuen Zeit*" und „*Herzbrennen*", sind 2017 und 2020 über Book on Demand beim Rediroma Verlag erschienen. Ihr Buch „*Lichtvolle Gebete*" erschien 2022 im Reichel Verlag.

Die Autorin ist zu erreichen über: akabema_info@web.de
Oder über ihre Website: www.akabema.de

Bettina Büx, Jahrgang 1960, ist vierfache Mutter und lebt im deutschsprachigen Grenzgebiet Ostbelgiens. Ihr tiefstes Interesse galt schon von Kindesbeinen an den spirituellen Fragen und geistigen Hintergründen des Lebens. Bereits in jungen Jahren „wusste" sie, dass es ihre Berufung ist zu schreiben und Botschaften aus der geistigen Welt zu vermitteln. Nach vielen Umwälzungen in ihrem Privatleben und während langer, schwerer Krankheit widmete sie sich ganz den grundsätzlichen Lebensfragen. Die schließlich auf medialem Weg empfangenen Mitteilungen sind in beeindruckender Weise als 10teilige Buchreihe „*Die Regulus Botschaften*" dokumentiert und im Echnaton Verlag erschienen. Es ist ihr gleichermaßen Bedürfnis und Berufung, Botschaften aus der geistigen Welt, die sie als Geschenk von höchster Ebene betrachtet, weiterzugeben und einem breiten Publikum zugänglich zu machen.

Fragen zu ihren Büchern beantwortet die Autorin gerne.
Sie erreichen sie per E-Mail unter: regulus-botschaften@gmx.de

Quellenverzeichnis

Das große Handbuch der Zitate von A bis Z
Bassermann Verlag in der Verlagsgruppe Random House GmbH,
München 2004
ISBN 3-8094-1699-1

Der große Zitatenschatz
Weltbild Buchverlag
2006 Verlagsgruppe Weltbild GmbH
ISBN 978-3-89897-535-3

www.aphorismen.de

Buchemphehlungen

Die Kraft der Seele freischalten

Für ein glückliches und erfolgreiches Leben

Von Sabine Skala

Unsere Seele ist die kraftvollste und mächtigste Energie, die wir in uns tragen. Sie ist die direkte Verbindung zu Gott, kennt unsere Lebensaufgabe, für die wir auf Erden gekommen sind, und steuert uns in genau die Situationen, die für unsere Entwicklung wichtig sind. Die Autorin beschreibt, welche Fähigkeiten unsere Seele hat, was geschieht, wenn ihre Kraft freigeschaltet ist, wie wir Verbindung zu ihr aufnehmen und sie spüren können und warum es so wichtig ist, dass wir den Kontakt zu ihr pflegen und mit ihr in Einheit zusammenleben. Ist die Seelenenergie jedoch blockiert, kann sie nicht mehr in unser Leben fließen. Mit der Freischaltung der Seele werden alle Blockaden und Ablagerungen aufgelöst, sodass unser göttliches Potenzial geöffnet wird und all das zum Vorschein kommt, was für uns bestimmt war.

Neuauflage 2024. 152 Seiten, A5, Softcover
ISBN: 978-3-95531-180-3

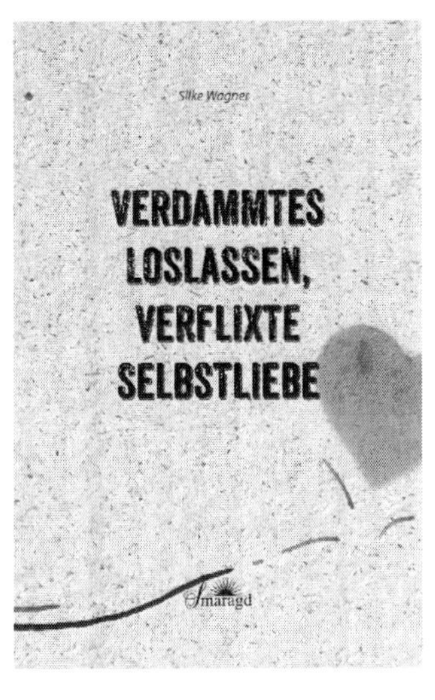

Verdammtes Loslassen, verflixte Selbstliebe

Von Silke Wagner

-"Lass die Situation los!"
-"Liebe dich so, wie du bist!"

Wie oft hören wir diese und ähnliche Sätze von der Geistigen Welt, und mal ehrlich: Sie frustrieren zumindest mich total.

Weichgespültes Eso-Geschwätz waren noch die liebevollsten Beschreibungen, die ich dafür fand. Meine Sorgen einfach loslassen, von jetzt auf gleich nicht mehr daran denken? Hallo, ich bin Mensch. Ich kann nicht zaubern. Meinen dicken Hintern lieben? Ich bin auch noch Frau, und jede wird mir zustimmen: Unsere Makel lieben ist nahezu unmöglich.
Aus diesen Emotionen heraus beschloss ich, mit der Geistigen Welt „Tacheles" zu reden. Schonungslos ehrlich, manchmal ziemlich verzweifelt und am Anfang mit sehr viel Frust begab ich mich auf die Suche.
Was steckte hinter diesen zwei Worten „Loslassen" und „Selbstliebe"? Gab es einen Schlüssel, eine Zauberformel? Wenn ja, ich würde nicht aufgeben, bis ich sie in Händen hielt.
Ein spannender Weg begann, mit Übungen, die auch mich manchmal an meine Grenzen brachten. Aber: Es hat sich gelohnt!

Neuauflage 2023. 84 S. 12,5x19 cm, Kartoniert m Klappen
ISBN: 978-3-95531-145-2

Der Tod
– Die Brücke zur Realität

Einblicke in den derzeitigen Stand des Wissens

Von Dr. Winfried Weber

Dies ist ein Buch über das Bewusstsein, das Leben, das Sterben, den Tod, die Realität und die Zeit, über Fakten und wissenschaftliche Kontroversen.

Es beinhaltet Stellungnahmen herausragender Wissenschaftler, Mediziner und Ärzte zu diesen Themen.

Es ist ein Puzzle, aus dem Sie die für Sie passenden Teile entnehmen können, um damit in ein für Sie stimmiges Bild zu schauen.

Tauchen Sie in eine andere, vielleicht realere Welt ein, und beziehen Sie Ihre eigene Position. Es lohnt sich.

2022, 14x21cm, 100 Seiten, kartoniert m. Klappen
ISBN: 978-3-95531-211-4